El aprendizaje cooperativo en el aula

PAIDÓS EDUCADOR

Últimos títulos publicados:

David W. Johnson - Roger T. Johnson
Edythe J. Holubec

El aprendizaje cooperativo
en el aula

PAIDOS

Buenos Aires
Barcelona
México

Título original: *Cooperative Learning in the Classroom*
Publicado en inglés por la Association For Supervision and Curriculum Development,
Virginia, 1994.
© 1994 by Association for Supervision and Curriculum Development (ASCD), asociación
profesional de educación sin fines de lucro, con sede en 1703 North Beauregard Street,
Alexandria, Virginia, 22311-1714, EE.UU. La asociación no se hace responsable por la
calidad de la traducción.

Traducción de Gloria Vitale

Cubierta de Gustavo Macri

© 1999 de todas las ediciones en español
Editorial Paidós SAICF
Defensa 599, Buenos Aires
e-mail: paidolit@internet.siscotel.com
Ediciones Paidós Ibérica SA
Mariano Cubí 92, Barcelona
Editorial Paidós Mexicana SA
Rubén Darío 118, México D.F.

Queda hecho el depósito que previene la Ley 11.723
Impreso en la Argentina - Printed in Argentina

Impreso en Talleres Gráficos D'Aversa
Vicente López 318, Quilmes, en agosto de 1999

ISBN 950-12-2144-X

ÍNDICE

Actividades posteriores a la clase

INTRODUCCIÓN

Este libro tiene el propósito de aportar al docente las estrategias concretas que necesita para comenzar a aplicar el aprendizaje cooperativo, o bien para mejorar su actual empleo de esta importante herramienta didáctica. Lo ayudará a comprender conceptualmente qué es y cómo se pone en práctica el aprendizaje cooperativo. La comprensión de este concepto es un requisito previo a la aplicación práctica del aprendizaje cooperativo en la actividad cotidiana del aula. Es esa necesidad de combinar el conocimiento conceptual con la experiencia práctica la que hace que la enseñanza sea una actividad tan compleja y lleve tantos años llegar a ejercerla con idoneidad. Después de haber leído este libro, el docente tendrá los conocimientos prácticos necesarios para llevar a cabo el aprendizaje cooperativo de un modo satisfactorio para él mismo y para sus alumnos. Podrá y deberá aplicar estos conocimientos de inmediato y a menudo en sus clases.

El aprendizaje cooperativo le permite al docente alcanzar varias metas importantes al mismo tiempo. En primer lugar, lo ayuda a elevar el rendimiento de todos sus alumnos, incluidos tanto los especialmente dotados como los que tienen dificultades para aprender. En segundo lugar, lo ayuda a establecer relaciones positivas entre los alumnos, sentando así las bases de una comunidad de aprendizaje en la que se valore la diversidad. En tercer lugar, les proporciona a los alumnos las experiencias que necesitan para lograr un saludable desarrollo social, psicológico y cognitivo. La posibilidad que brinda el aprendizaje cooperativo de abordar estos tres frentes al mismo tiempo lo hacen superior a todos los demás métodos de enseñanza.

El aprendizaje cooperativo reemplaza la estructura basada en la gran producción y en la competitividad, que predomina en la mayoría de las escuelas, por otra estructura organizativa basada en el trabajo en equipo y en el alto desempeño. Con el aprendizaje cooperativo, el docente pasa a ser un ingeniero que organiza y facilita el aprendizaje en equipo, en lugar de limitarse a llenar de conocimientos las mentes de los alumnos, como un empleado de una estación de servicio que llena los tanques de los automóviles. Para lograr este cambio, deberá emplear el aprendizaje cooperativo la mayor parte del tiempo. Nuestra recomendación, para la mayoría de las clases, es llegar a utilizarlo entre el 60 y el 80 por ciento del tiempo. Esto podrá parecerle excesivo a quien nunca haya aplicado el aprendizaje cooperativo, pero estamos seguros de que al terminar de leer este libro, el lector comprobará que esta meta es posible y deseable.

El rol del docente, cuando emplea el aprendizaje cooperativo, es multifacético. Deberá tomar una serie de decisiones antes de abordar la enseñanza, explicarles a los alumnos la tarea de aprendizaje y los procedimientos de cooperación, supervisar el trabajo de los equipos, evaluar el nivel de aprendizaje de los alumnos y alentarlos a determinar con qué eficacia están funcionando sus grupos de aprendizaje. Al docente le compete poner en funcionamiento los elementos básicos que hacen que los equipos de trabajo sean realmente cooperativos: la interdependencia positiva, la responsabilidad individual, la interacción personal, la integración social y la evaluación grupal.

Aconsejamos al lector que lea y comente este libro con un grupo de colegas, a fin de que puedan ayudarse unos a otros o poner en práctica con verdadera fidelidad el aprendizaje cooperativo en sus aulas.

LA COOPERACIÓN

Capítulo 1

EL CONCEPTO DE APRENDIZAJE COOPERATIVO

Sandy Koufax fue uno de los mejores lanzadores en la historia del béisbol. Tenía un talento natural, así como un entrenamiento y una disciplina excepcionales. Posiblemente fuera el único jugador de las ligas mayores cuyos lanzamientos hacían que uno pudiera oír zumbar la pelota. Los bateadores rivales, en vez de quedarse conversando y haciendo bromas mientras esperaban su turno, se sentaban en silencio para escuchar el zumbido de las pelotas que lanzaba Koufax. Cuando les tocaba ir a batear, ya se sentían intimidados. Habría habido una sola manera de anular la genialidad de Koufax en el campo de juego: hacer que David (uno de los coautores de este libro) jugara con él como receptor.

Para destacarse en el juego, un lanzador necesita contar con un buen receptor (el mejor compañero de Koufax era Johnny Roseboro). David es tan malo como receptor, que Koufax habría tenido que lanzar la pelota mucho más lentamente para que él pudiera atraparla. Esto habría privado a Koufax de su principal arma. Y poner a Roger y Edythe (los otros dos coautores del libro) en posiciones defensivas claves en el campo de juego habría limitado aun más los triunfos de Koufax. Sin duda, Koufax no era un buen lanzador por sí solo. Unicamente como parte de un equipo pudo lograr su grandeza.

El rendimiento excepcional en el aula, al igual que en el campo de juego, exige un esfuerzo cooperativo, y no los esfuerzos individualistas o competitivos de algunos individuos aislados.

¿Qué es el aprendizaje cooperativo?

Aprender es algo que los alumnos hacen, y no algo que se les hace a ellos. El aprendizaje no es un encuentro deportivo al que uno puede asistir como espectador. Requiere la participación directa y activa de los estudiantes. Al igual que los alpinistas, los alumnos escalan más fácilmente las cimas del aprendizaje cuando lo hacen formando parte de un equipo cooperativo.

La cooperación consiste en trabajar juntos para alcanzar objetivos comunes. En una situación cooperativa, los individuos procuran obtener resultados que sean beneficiosos para ellos mismos y para todos los demás miembros del grupo. El aprendizaje cooperativo es el empleo didáctico de grupos reducidos en los que los alumnos trabajan juntos para maximizar su propio aprendizaje y el de los demás. Este método contrasta con el aprendizaje competitivo, en el que cada alumno trabaja en contra de los demás para alcanzar objetivos escolares tales como una calificación de "10" que sólo uno o algunos pueden obtener, y con el aprendizaje individualista, en el que los estudiantes trabajan por su cuenta para lograr metas de aprendizaje desvinculadas de las de los demás alumnos. En el aprendizaje cooperativo y en el individualista, los maestros evalúan el trabajo de los alumnos de acuerdo con determinados criterios, pero en el aprendizaje competitivo, los alumnos son calificados según una cierta norma. Mientras que el aprendizaje competitivo y el individualista presentan limitaciones respecto de cuándo y cómo emplearlos en forma apropiada, el docente puede organizar cooperativamente cualquier tarea didáctica, de cualquier materia y dentro de cualquier programa de estudios.

El aprendizaje cooperativo comprende tres tipos de grupos de aprendizaje. Los grupos formales de aprendizaje cooperativo funcionan durante un período que va de una hora a varias semanas de clase. En estos grupos, los estudiantes trabajan juntos para lograr objetivos comunes, asegurándose de que ellos mismos y sus compañeros de grupo completen la tarea de aprendizaje asignada. Cualquier tarea, de cualquier materia y dentro de cualquier programa de estudios, puede organizarse en forma cooperativa. Cualquier requisito del curso puede ser reformulado para adecuarlo al aprendizaje cooperativo formal. Cuando se emplean grupos formales de aprendizaje cooperativo, el docente debe: (a) especificar los objetivos de la clase, (b) tomar una serie de decisiones previas a la enseñanza, (c) explicar la tarea y la interdependencia positiva a los alumnos, (d) supervisar el aprendizaje de los alumnos e intervenir en los grupos para brindar apoyo en la tarea o para mejorar el desempeño interpersonal y grupal de los alumnos, y (e) evaluar el aprendizaje de los estudiantes y ayudarlos a determinar el nivel de eficacia con que funcionó su grupo. Los grupos formales de aprendizaje cooperativo garantizan la participación activa de los alumnos en las tareas intelectuales de organizar el material, explicarlo, resumirlo e integrarlo a las estructuras conceptuales existentes.

Los grupos informales de aprendizaje cooperativo operan durante unos pocos minutos hasta una hora de clase. El docente puede utilizarlos durante una actividad de enseñanza directa (una clase magistral, una demostración, una película o un video) para centrar la atención de los alumnos en el material en cuestión, para promover un clima propicio al aprendizaje, para crear expectativas acerca del contenido de la clase, para asegurarse de que los alumnos procesen cognitivamente el material que se les está enseñando y para dar cierre a una clase. La actividad de estos grupos informales suele consistir en una charla de tres a cinco minutos entre los alumnos antes y después de una clase, o en diálogos de dos a tres minutos entre pares de estudiantes durante el transcurso de una clase magistral. Al igual que los grupos formales de aprendizaje cooperativo, los grupos informales le sirven al maestro para asegurarse de que los alumnos efectúen el trabajo intelectual de organizar, explicar, resumir e integrar el material a las estructuras conceptuales existentes durante las actividades de enseñanza directa.

Los grupos de base cooperativos tienen un funcionamiento de largo plazo (por lo menos de casi un año) y son grupos de aprendizaje heterogéneos, con miembros permanentes, cuyo principal objetivo es posibilitar que sus integrantes se brinden unos a otros el apoyo, la ayuda, el aliento y el respaldo que cada uno de ellos necesita para tener un buen rendimiento escolar. Los grupos de base permiten que los alumnos entablen relaciones responsables y duraderas que los motivarán a esforzarse en sus tareas, a progresar en el cumplimiento de sus obligaciones escolares (como asistir a clase, completar todas las tareas asignadas, aprender) y a tener un buen desarrollo cognitivo y social (Johnson, Johnson y Holubec, 1992; Johnson, Johnson y Smith, 1991).

Además de estos tres tipos de grupos, también se emplean esquemas de aprendizaje cooperativo para organizar las actividades de rutina en el aula y las lecciones reiteradas, las cuales, una vez que están cooperativamente estructuradas, suministran una base de aprendizaje cooperativo a todas las demás clases. Los esquemas de aprendizaje cooperativo son procedimientos estandarizados para dictar clases genéricas y repetitivas (como redactar informes o hacer presentaciones) y para manejar las rutinas propias del aula (como revisar las tareas domiciliarias o los resultados de una prueba). Una vez que han sido planificados y aplicados en varias ocasiones, pasan a ser actividades automáticas en el aula y facilitan la implementación del método cooperativo.

El docente que emplee reiteradamente los grupos formales, los informales y los de base adquirirá un grado tal de práctica que podrá estructurar situaciones de aprendizaje cooperativo en forma automática, sin tener que idearlas ni planificarlas conscientemente. Podrá entonces utilizar correctamente el aprendizaje cooperativo durante todo el resto de su actividad docente.

¿CÓMO SE SABE SI UN GRUPO ES COOPERATIVO?

No hay nada mágico en el trabajo en grupo. Algunos tipos de grupos facilitan el aprendizaje de los alumnos y mejoran la calidad de vida en el aula. Otros entorpecen el aprendizaje y provocan insatisfacción y falta de armonía en la clase. Para manejar con eficacia los grupos de aprendizaje, el docente debe saber qué es y qué no es un grupo cooperativo.

Los grupos de aprendizaje cooperativo son sólo uno de los muchos tipos de grupo que pueden emplearse en el aula. Al establecer grupos de aprendizaje, el docente deberá preguntarse: "¿Qué tipo de grupo estoy empleando?". La siguiente lista de tipos de grupos lo ayudará a responder esa pregunta.

1. El grupo de pseudoaprendizaje: en este caso, los alumnos acatan la directiva de trabajar juntos, pero no tienen ningún

interés en hacerlo. Creen que serán evaluados según la puntuación que se asigne a su desempeño individual. Aunque en apariencia trabajan en forma conjunta, en realidad están compitiendo entre sí. Cada alumno ve a los demás como rivales a derrotar, por lo que todos obstaculizan o interrumpen el trabajo ajeno, se ocultan información, tratan de confundirse unos a otros y se tienen una mutua desconfianza. Como consecuencia, la suma del total es menor al potencial de los miembros individuales del grupo. Los alumnos trabajarían mejor en forma individual.

2. El grupo de aprendizaje tradicional: se indica a los alumnos que trabajen juntos y ellos se disponen a hacerlo, pero las tareas que se les asignan están estructuradas de tal modo que no requieren un verdadero trabajo conjunto. Los alumnos piensan que serán evaluados y premiados en tanto individuos, y no como miembros del grupo. Sólo interactúan para aclarar cómo deben llevarse a cabo las tareas. Intercambian información, pero no se sienten motivados a enseñar lo que saben a sus compañeros de equipo. La predisposición a ayudar y a compartir es mínima. Algunos alumnos se dejan estar, a la espera de sacar partido de los esfuerzos de sus compañeros más responsables. Los miembros del grupo que son más responsables se sienten explotados y no se esfuerzan tanto como de costumbre. El resultado es que la suma del total es mayor al potencial de algunos de los integrantes del grupo, pero los estudiantes laboriosos y responsables trabajarían mejor solos.

3. El grupo de aprendizaje cooperativo: a los alumnos se les indica que trabajen juntos y ellos lo hacen de buen grado. Saben que su rendimiento depende del esfuerzo de todos los miembros del grupo. Los grupos de este tipo tienen cinco características distintivas. La primera es que el objetivo grupal de maximizar el aprendizaje de todos los miembros motiva a los alumnos a esforzarse y obtener resultados que superan la capacidad individual de cada uno de ellos. Los miembros del grupo tienen la convicción de que habrán de irse a pique o bien salir a flote todos juntos, y que si uno de ellos fracasa, entonces fracasan todos. En segundo

lugar, cada miembro del grupo asume la responsabilidad, y hace responsables a los demás, de realizar un buen trabajo para cumplir los objetivos en común. En tercer lugar, los miembros del grupo trabajan codo a codo con el fin de producir resultados conjuntos. Hacen un verdadero trabajo colectivo y cada uno promueve el buen rendimiento de los demás, por la vía de ayudar, compartir, explicar y alentarse unos a otros. Se prestan apoyo, tanto en lo escolar como en lo personal, sobre la base de un compromiso y un interés recíprocos. En cuarto lugar, a los miembros del grupo se les enseñan ciertas formas de relación interpersonal y se espera que las empleen para coordinar su trabajo y alcanzar sus metas. Se hace hincapié en el trabajo de equipo y la ejecución de tareas, y todos los miembros asumen la responsabilidad de dirigir el proceso. Por último, los grupos analizan con qué eficacia están logrando sus objetivos y en qué medida los miembros están trabajando juntos para garantizar una mejora sostenida en su aprendizaje y su trabajo en equipo. Como consecuencia, el grupo es más que la suma de sus partes, y todos los alumnos tienen un mejor desempeño que si hubieran trabajado solos.

4. El grupo de aprendizaje cooperativo de alto rendimiento: éste es un tipo de grupo que cumple con todos los criterios requeridos para ser un grupo de aprendizaje cooperativo y, además, obtiene rendimientos que superan cualquier expectativa razonable. Lo que los diferencia del grupo de aprendizaje cooperativo es el nivel de compromiso que tienen los miembros entre sí y con el éxito del grupo. Jennifer Futernick, quien forma parte de un equipo de respuesta rápida y alto rendimiento de la empresa McKinesy & Company, sostiene que el sentimiento que une a sus compañeros de equipo es una forma de amor (Katzenbach y Smith, 1993). Ken Hoepner, del equipo intermodal de Burlington Northern (también descrito por Katzenbach y Smith, 1993), declaró lo siguiente: "No sólo confiábamos unos en otros, no sólo nos respetábamos mutuamente, sino que a cada uno le importaban mucho los demás miembros del equipo. Si veíamos que alguno estaba pasando por un mal momento, no vacilábamos en ofrecerle

ayuda". El interés de cada miembro en el crecimiento personal de los demás hace posible que estos grupos cooperativos de alto rendimiento superen las expectativas, y que sus integrantes disfruten de la experiencia. Por desdicha, si bien es comprensible, los grupos de alto rendimiento son muy escasos, porque la mayoría no llega a alcanzar este nivel de desarrollo.

Para emplear con eficacia el aprendizaje cooperativo, hay que tener en cuenta que no todos los grupos son cooperativos. La curva de rendimiento del grupo de aprendizaje muestra que el rendimiento de cualquier grupo reducido depende de cómo esté estructurado (véase la figura 1.1) (Katzenbach y Smith, 1993). Agrupar a varias personas en la misma habitación y decir que eso es un grupo cooperativo no basta para que lo sea. Los grupos de estudio, los equipos de investigación, los talleres de trabajo y los grupos de lectura son grupos, pero no necesariamente cooperativos. Aun con las mejores intenciones, un docente puede terminar por tener grupos de aprendizaje tradicionales en su aula, en lugar de grupos cooperativos. Uno de las principales aspectos de su tarea es integrar a los alumnos en grupos de aprendizaje, diagnosticar en qué punto de la curva de rendimiento se encuentran los grupos, fortalecer los elementos básicos de la cooperación y hacer avanzar a los grupos hasta que lleguen a ser realmente cooperativos.

¿CÓMO SE LOGRA LA COOPERACIÓN?

> *Juntos, nos mantenemos en pie;*
> *divididos, nos derrumbamos.*
> LEMA DE LA REVOLUCIÓN NORTEAMERICANA

Para organizar sus clases de modo de que los alumnos realmente trabajen en forma cooperativa, el docente debe saber cuáles son los elementos básicos que hacen posible la cooperación. El conocimiento de estos elementos le permitirá:

1. Tomar sus clases, programas y cursos actuales, y organizarlos cooperativamente.

Figura 1.1. La curva de rendimiento del grupo de aprendizaje

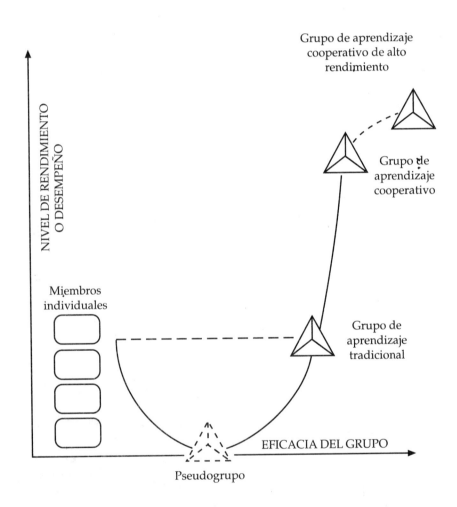

2. Diseñar clases cooperativas que se ajusten a sus propias necesidades y circunstancias pedagógicas, a sus propios programas de estudios, materias y alumnos.
3. Diagnosticar los problemas que puedan tener algunos alumnos para trabajar juntos, e intervenir para aumentar la eficacia de los grupos de aprendizaje.

Para que la cooperación funcione bien, hay cinco elementos esenciales que deberán ser explícitamente incorporados en cada clase (véase la figura 1.2)

El primer y principal elemento del aprendizaje cooperativo es la interdependencia positiva. El docente debe proponer una tarea clara y un objetivo grupal para que los alumnos sepan que habrán de hundirse o salir a flote juntos. Los miembros de un grupo deben tener en claro que los esfuerzos de cada integrante no sólo lo benefician a él mismo sino también a los demás miembros. Esta interdependencia positiva crea un compromiso con el éxito de otras personas, además del propio, lo cual es la base del aprendizaje cooperativo. Sin interdependencia positiva, no hay cooperación.

El segundo elemento esencial del aprendizaje cooperativo es la responsabilidad individual y grupal. El grupo debe asumir la responsabilidad de alcanzar sus objetivos, y cada miembro será responsable de cumplir con la parte del trabajo que le corresponda. Nadie puede aprovecharse del trabajo de otros. El grupo debe tener claros sus objetivos y debe ser capaz de evaluar (a) el progreso realizado en cuanto al logro de esos objetivos y (b) los esfuerzos individuales de cada miembro. La responsabilidad individual existe cuando se evalúa el desempeño de cada alumno y los resultados de la evaluación son transmitidos al grupo y al individuo a efectos de determinar quién necesita más ayuda, respaldo y aliento para efectuar la tarea en cuestión. El propósito de los grupos de aprendizaje cooperativo es fortalecer a cada miembro individual, es decir, que los alumnos aprenden juntos para poder luego desempeñarse mejor como individuos.

El tercer elemento esencial del aprendizaje cooperativo es la interacción estimuladora, preferentemente cara a cara. Los alumnos deben realizar juntos una labor en la que cada uno promueva el éxito

Figura 1.2. Los componentes esenciales del aprendizaje cooperativo

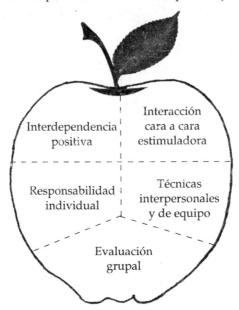

de los demás, compartiendo los recursos existentes y ayudándose, respaldándose, alentándose y felicitándose unos a otros por su empeño en aprender. Los grupos de aprendizaje son, a la vez, un sistema de apoyo escolar y un sistema de respaldo personal. Algunas importantes actividades cognitivas e interpersonales sólo pueden producirse cuando cada alumno promueve el aprendizaje de los otros, explicando verbalmente cómo resolver problemas, analizar la índole de los conceptos que se están aprendiendo, enseñar lo que uno sabe a sus compañeros y conectar el aprendizaje presente con el pasado. Al promover personalmente el aprendizaje de los demás, los miembros del grupo adquieren un compromiso personal unos con otros, así como con sus objetivos comunes.

El cuarto componente del aprendizaje cooperativo consiste en enseñarles a los alumnos algunas prácticas interpersonales y grupales imprescindibles. El aprendizaje cooperativo es intrínsecamente más complejo que el competitivo o el individualista, porque requiere que los alumnos aprendan tanto las materias escolares (ejecución de tareas) como las prácticas interpersonales y grupales necesarias para funcionar como parte de un grupo (trabajo de equipo). Los miembros del grupo deben saber cómo ejercer la dirección, tomar decisiones, crear un clima de confianza, comunicarse y manejar los conflictos, y deben sentirse motivados a hacerlo. El docente tendrá que enseñarles las prácticas del trabajo en equipo con la misma seriedad y precisión como les enseña las materias escolares. Dado que la cooperación guarda relación con el conflicto (véase D. W. Johnson y R. Johnson, 1991, 1992), los procedimientos y las técnicas requeridas para manejar los conflictos de manera constructiva son especialmente importantes para el buen funcionamiento de los grupos de aprendizaje. (Para más información sobre procedimientos y estrategias para enseñar a los alumnos prácticas de la integración social, véanse Johnson [1991, 1993] D. W. Johnson y R. Johnson [1994].)

El quinto elemento fundamental del aprendizaje cooperativo es la evaluación grupal. Esta evaluación tiene lugar cuando los miembros del grupo analizan en qué medida están alcanzando sus metas y manteniendo relaciones de trabajo eficaces. Los grupos deben determinar qué acciones de sus miembros son positivas o negativas, y tomar decisiones acerca de cuáles conductas conservar o modificar. Para que el proceso de aprendizaje mejore en forma sostenida, es necesario que los miembros analicen cuidadosamente cómo están trabajando juntos y cómo pueden acrecentar la eficacia del grupo.

El empleo del aprendizaje cooperativo requiere una acción disciplinada por parte del docente. Los cinco elementos básicos no sólo son características propias de los buenos grupos de aprendizaje, también representan una disciplina que debe aplicarse rigurosamente para producir las condiciones que conduzcan a una acción cooperativa eficaz.

¿Por qué es conveniente el aprendizaje cooperativo?

Para convencerse de la conveniencia de emplear el aprendizaje cooperativo, basta con conocer las investigaciones realizadas al respecto. La primera investigación se hizo en 1898, y desde entonces se han efectuado unos 600 estudios experimentales y más de 100 estudios correlativos sobre los métodos de aprendizaje cooperativo, competitivo e individualista (para una reseña detallada de estos estudios véase D. W. Johnson y R. Johnson, 1989). Los resultados obtenidos pueden clasificarse en tres categorías principales (véase la figura 1.3): esfuerzos por lograr un buen desempeño, relaciones positivas y salud mental.

A partir de las investigaciones existentes, sabemos que la cooperación, comparada con los métodos competitivo e individualista, da lugar a los siguientes resultados.

1. Mayores esfuerzos por lograr un buen desempeño: esto incluye un rendimiento más elevado y una mayor productividad por parte de todos los alumnos (ya sean de alto, medio o bajo rendimiento), mayor posibilidad de retención a largo plazo, motivación intrínseca, motivación para lograr un alto rendimiento, más tiempo dedicado a las tareas, un nivel superior de razonamiento y pensamiento crítico.
2. Relaciones más positivas entre los alumnos: esto incluye un incremento del espíritu de equipo, relaciones solidarias y comprometidas, respaldo personal y escolar, valoración de la diversidad y cohesión.
3. Mayor salud mental: esto incluye un ajuste psicológico general, fortalecimiento del yo, desarrollo social, integración, autoestima, sentido de la propia identidad y capacidad de enfrentar la adversidad y las tensiones.

Los poderosos efectos que tiene la cooperación sobre tantos aspectos distintos y relevantes determinan que el aprendizaje cooperativo se distinga de otros métodos de enseñanza y constituya una de las herramientas más importantes para garantizar el buen rendimiento de los alumnos.

La estructura organizativa subyacente

El tema de la cooperación entre los alumnos es parte de otro tópico más amplio: el de la estructura organizativa de las escuelas (D. W. Johnson y R. Johnson, 1994). Los fundadores del movimiento cualitativo, como W. Edwards Deming y J. Juran, sostienen que más

Figura 1.3. Resultados de la cooperación

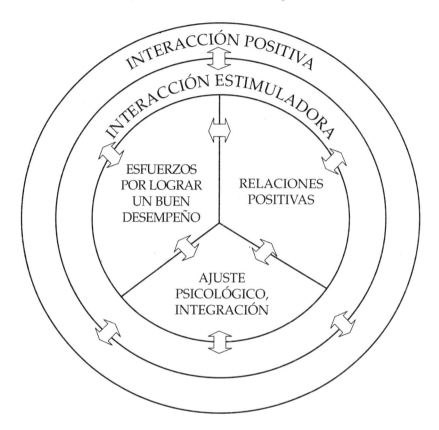

del 85 por ciento de la conducta de los miembros de una organización es directamente atribuible a su estructura, y no al carácter de los individuos que la componen. El aula no constituye una excepción. Si en ella predominan el aprendizaje competitivo o el individualista, los alumnos se comportarán en consecuencia aunque el docente los reúna ocasionalmente en grupos cooperativos. Si lo que predomina es el aprendizaje cooperativo, los alumnos se comportarán en consecuencia y el resultado será una verdadera comunidad de aprendizaje.

Durante décadas, las escuelas han funcionado como organizaciones de producción en masa que dividen el trabajo en distintos componentes (primer grado, segundo grado, lengua, ciencias sociales, ciencias naturales) ejecutadas por docentes que están aislados de sus colegas y trabajan solos en su propia aula, con sus propios alumnos y sus propios materiales didácticos. En este tipo de sistema, los alumnos son vistos como partes intercambiables de la maquinaria educativa, que pueden ser asignados a cualquier docente. El empleo del aprendizaje cooperativo durante la mayor parte del tiempo le permite al docente reemplazar este modelo de producción en masa por otro modelo basado en el trabajo de equipo y el alto rendimiento. En otras palabras, la cooperación es algo más que un método de enseñanza. Es un cambio básico en la estructura organizativa que afecta todos los aspectos de la vida en el aula.

¿CÓMO PUEDE PERFECCIONARSE UN DOCENTE EN MATERIA DE APRENDIZAJE COOPERATIVO?

La experticia de una persona se refleja en su pericia, destreza, competencia y habilidad para realizar determinada cosa. La capacitación para emplear el aprendizaje cooperativo no es un proceso rápido. No basta con tener talento natural para ser un buen docente. También es necesario estar bien entrenado en el empleo del aprendizaje cooperativo y tener una excepcional disciplina para implementar los cinco elementos básicos en cada clase. La capacidad del docente de organizar tareas cooperativas se evidencia en su habilidad para:

1. Tomar cualquier clase, de cualquier materia, con alumnos de cualquier nivel, y estructurarla cooperativamente.
2. Emplear el aprendizaje cooperativo (como procedimiento de rutina) del 60 al 80 por ciento del tiempo.
3. Describir con precisión lo que está haciendo y por qué a efectos de comunicar a otros las características y las ventajas del aprendizaje cooperativo, y enseñarles a los colegas cómo llevarlo a cabo.
4. Aplicar los principios de la cooperación en otras esferas, como en las relaciones entre colegas y en las reuniones del cuerpo docente.

Esta experticia se adquiere a través de un procedimiento de perfeccionamiento progresivo que consiste en: (a) dictar una clase cooperativa, (b) evaluar cómo funcionó (c) reflexionar acerca de cómo podría haberse implementado mejor la cooperación, (d) dictar una clase cooperativa mejorada, (e) evaluar cómo funcionó, y así sucesivamente. De este modo, el docente va adquiriendo experiencia en forma creciente y gradual.

A medida que va perfeccionando su capacidad de emplear con eficacia el aprendizaje cooperativo, el docente debe procurar la ayuda de sus colegas y, a su vez, ayudarlos a ellos. Sabemos que aprender una estrategia de enseñanza moderadamente compleja puede demandarle al docente entre 20 y 30 horas de instrucción teórica, entre 15 y 20 horas de demostraciones de su empleo con diferentes alumnos y materias y otras 10 o 15 horas adicionales de clases prácticas supervisadas para adquirir un mayor nivel de competencia. La capacitación en una estrategia de enseñanza más compleja, como el aprendizaje cooperativo, podría demandar varios años de entrenamiento y de práctica. La transferencia (poner a prueba el aprendizaje cooperativo en su propia aula) y el mantenimiento (emplear el aprendizaje cooperativo durante un período prolongado) son elementos clave para adquirir experiencia. Como dijo Aristóteles: "Las cosas que debemos aprender para poder hacerlas, las aprendemos haciéndolas". El docente debe llevar a cabo el aprendizaje cooperativo durante cierto tiempo antes de empezar a adquirir una verdadera capacidad al respecto.

LAS DECISIONES PREVIAS

Capítulo 2

LA SELECCIÓN DE MATERIALES
Y OBJETIVOS DIDÁCTICOS

Toda clase cooperativa tiene objetivos conceptuales, que determinan los contenidos que van a aprender los estudiantes, y también objetivos actitudinales, que establecen las conductas interpersonales y grupales que aprenderán los alumnos para cooperar eficazmente unos con otros.

LOS MATERIALES DIDÁCTICOS

Al planificar una clase, el docente debe decidir qué materiales serán necesarios para que los alumnos trabajen en forma cooperativa. Básicamente, el aprendizaje cooperativo requiere los mismos materiales curriculares que el competitivo o el individualista, pero hay ciertas variaciones en el modo de distribuir esos materiales que pueden incrementar la cooperación entre los estudiantes.

Cuando los alumnos trabajan en grupos, el docente puede optar por entregarle a cada uno de ellos un juego completo de materiales didácticos. Por ejemplo, cada miembro del grupo podría contar con una copia de un texto determinado, para leerlo, releerlo y consultarlo al responder preguntas y formular interpretaciones sobre su contenido. Otra opción posible es darle un solo juego de materiales a todo el grupo.

La interdependencia respecto de los recursos didácticos

Limitar los recursos que se distribuyen a cada grupo es una manera de crear una interdependencia positiva, pues obliga a los alumnos a trabajar juntos para cumplir con la tarea. Esta medida es especialmente eficaz durante las primeras reuniones del grupo. Al principio, es muy posible que los alumnos tiendan a trabajar por separado si cada miembro del grupo dispone de un juego de materiales. Repartir una sola copia de un cuento a cada par de alumnos sirve para asegurarse de que ambos se sienten lado a lado y lo lean juntos. Entregar un solo lápiz y una hoja de papel a cada par garantiza que los dos alumnos decidirán cuándo y qué escribir juntos. Y hacer que los grupos compartan un microscopio garantiza que comentarán sus respectivas experiencias y llegarán a un consenso acerca de lo que observaron. Una variación de la interdependencia respecto de los recursos consiste en combinar el empleo de materiales individuales y grupales para·una clase dada. El docente puede entregarle a cada grupo un solo juego de preguntas sobre un cuento para que las respondan juntos, pero darle una copia del cuento a cada miembro.

El método del rompecabezas

Otro modo de hacer que los alumnos sean interdependientes es darles la información distribuida en distintas partes, como si fueran las piezas de un rompecabezas. Con este método, cada alumno obtiene una parte de la información necesaria para realizar la tarea. Los miembros del grupo son responsables de conocer a fondo la información que les corresponde, transmitírsela a los demás y aprender la información presentada por los otros miembros del grupo. Por ejemplo, el docente puede pedirle a cada grupo que escriba una biografía de Abraham Lincoln. Le dará a cada miembro cierta información específica sobre un período determinado de la vida de Lincoln. Cada integrante del grupo será entonces responsable de aprender acerca de un período de la vida de Lincoln y transmitir lo que aprendió al resto del grupo para que entre todos puedan escribir una biografía completa. Como cada miembro necesita la información que tienen los demás para cumplir con la tarea, habrá una interdependencia entre todos los integrantes del grupo. Cada miembro debe participar para que el grupo lleve a cabo la tarea asignada.

Una variación del método del rompecabezas consiste en dividir el instrumental necesario para ejecutar determinada tarea entre los miembros del grupo. En una clase de ciencias naturales, por ejemplo, se le puede dar a un alumno un microscopio, a otro los materiales requeridos para hacer portaobjetos y a otro el equipo para recoger muestras. El grupo tendrá entonces la responsabilidad de preparar portaobjetos con las muestras de los insectos recolectados. Los alumnos son interdependientes debido a la división de los materiales que necesitan para realizar la tarea.

Los miembros del grupo también pueden realizar aportes en forma independiente a un producto conjunto. Por ejemplo, puede pedírsele a cada miembro que aporte una oración a un párrafo, un artículo a una gacetilla o un capítulo a un libro.

Equipos-Juegos-Torneos

DeVries y Edwards (1974) crearon un procedimiento intergrupal llamado Equipos-Juegos-Torneos para comparar el nivel de rendimiento de los grupos de aprendizaje cooperativo. El docente que aplique este procedimiento deberá formar equipos heterogéneos en cuanto al nivel de rendimiento de sus miembros e indicar a los alumnos que su cometido es asegurarse de que todos los miembros del grupo aprendan el material asignado. Los miembros del grupo estudiarán juntos el material en cuestión.

Una vez que se ha estudiado el material, comienza el torneo. El docente utilizará un juego de preguntas (cada una de ellas escrita en una ficha), una hoja de respuestas y una serie de reglas de procedimiento. Cada alumno integrará un trío junto con dos miembros de otros grupos de aprendizaje que tengan similar nivel de rendimiento (según sus antecedentes). Se entregará a cada trío un mazo de fichas con preguntas sobre el material aprendido en los grupos cooperativos. Los alumnos se turnarán para tomar una ficha del mazo y responder la pregunta. Si la respuesta es correcta, el alumno conservará la ficha. Si es incorrecta, volverá a poner la ficha en el último lugar del mazo. Las reglas establecen que los alumnos

Figura 2.1. Rompecabezas de información.
Procedimiento del rompecabezas

Cuando el docente desea transmitir información a los alumnos, una alternativa distinta a la de dictar cátedra consiste en estructurar grupos de aprendizaje cooperativo según un procedimiento llamado "el rompecabezas" (Aronson, 1978).

Tarea: Considérese una actividad de lectura a ser asignada próximamente. El docente dividirá la actividad en tres partes. Planificará cómo aplicar el procedimiento del rompecabezas y preparará lo que va a decirles a los alumnos al emplear cada parte de este procedimiento.

Procedimiento: Un modo de establecer una interdependencia positiva entre los miembros del grupo es el empleo del método del rompecabezas para crear interdependencia respecto de los materiales. Los pasos necesarios para organizar una lección con este método son los siguientes:

1. *Grupos cooperativos:* Distribuir un juego de materiales a cada grupo. El juego debe ser divisible por el número de miembros del grupo. Entregar a cada miembro una parte del juego de materiales.
2. *Preparación en pares:* Asignar a cada alumno la tarea cooperativa de reunirse con un compañero de otro grupo que tenga la misma parte del material que él, a fin de efectuar dos tareas.
   a. Aprender en detalle el material en cuestión.
   b. Planificar cómo enseñarles ese material a los demás miembros de sus grupos.
3. *Práctica en pares:* Asignar a cada alumno la tarea cooperativa de reunirse con un compañero de otro grupo que haya aprendido el mismo material que él para intercambiar ideas acerca de cuál es la mejor manera de enseñar el material en cuestión. Las mejores ideas de cada miembro del par se incorporarán a la presentación de cada uno de ellos.
4. *Grupos cooperativos:* Asignar a los alumnos las tareas cooperativas.
   a. Enseñar el material que han aprendido a los demás miembros de su grupo.
   b. Aprender el material que enseñan los demás miembros.
5. Evaluación: Evaluar el grado de dominio de los alumnos de la totalidad del material. Premiar a los grupos en los que todos los miembros cumplen con el criterio de excelencia preestablecido.

pueden refutar la respuesta de otro si creen que es incorrecta. Si el que la refuta está en lo cierto, se queda con la ficha. El miembro del trío que obtenga más fichas gana el juego y recibe seis puntos; el que sale segundo recibe cuatro puntos, y el tercero, dos puntos. Los puntos obtenidos por cada integrante del trío se suman a los de los otros miembros de su grupo de aprendizaje cooperativo. El grupo que tiene más puntos es el ganador.

El docente debe preparar con sumo cuidado los materiales didácticos a fin de evitar conflictos o conductas problemáticas como las siguientes:

1. Falta de participación de un miembro del grupo. Para asegurarse de que todos los alumnos participen, puede aplicarse el procedimiento del rompecabezas al distribuir la información o los materiales. Si se le entrega a cada miembro del grupo un lápiz de distinto color, por ejemplo, se podrá saber cuáles integrantes del grupo están participando en una tarea escrita.
2. Actitud dominante de un miembro del grupo. Para evitar que un alumno domine la actividad del grupo, el docente puede delimitar más estrictamente la participación de cada uno por la vía de repartir la información y los materiales de acuerdo con el método del rompecabezas.
3. Excesiva distancia entre los miembros del grupo, que les impide trabajar juntos. Si se entrega un solo juego de materiales didácticos a todo el grupo, los miembros deben sentarse cerca unos de otros.

En última instancia, la opción de cómo distribuir los materiales en una clase está determinada por el tipo de tarea que habrán de ejecutar los alumnos. El docente debe pensar cómo podrían trabajar los alumnos en el grupo y qué necesidad tendrán de ver o consultar los materiales. Cuando un grupo tiene suficiente madurez y experiencia, y sus miembros han alcanzado un buen nivel de competencia interpersonal y grupal, tal vez no sea necesario disponer los materiales de ninguna manera en particular. Pero cuando el grupo es nuevo o sus integrantes no son muy competentes, el docente debe planear cuidadosamente cómo distribuir los materiales para dejar en claro que la tarea debe ser ejecutada en conjunto y no individualmente.

Figura 2.2. Reglas de juego de los torneos intergrupales

A. Para comenzar el juego, el docente debe mezclar las fichas y colocar el mazo boca abajo sobre la mesa. Los turnos para jugar siguen el sentido de las agujas del reloj.

B. Para jugar, cada alumno toma la primera ficha del mazo, lee la pregunta en voz alta y la contesta de una de las siguientes dos maneras:

   1. Dice que no sabe la respuesta y pregunta si otro jugador quiere responderla. Si nadie quiere contestarla, la ficha se coloca en el último lugar del mazo. Si algún jugador la responde, sigue el procedimiento descrito más abajo.

   2. Responde la pregunta y consulta si alguien quiere refutar su respuesta. El jugador que está inmediatamente a su derecha tiene la primera oportunidad de refutarla. Si no lo hace, el que está a la derecha de éste puede refutar la respuesta.

      a. Si no hay ninguna refutación, otro jugador debe verificar la respuesta.
         – Si la respuesta es correcta, el jugador conserva la ficha.
         – Si la respuesta es incorrecta, el jugador debe colocar la ficha debajo del mazo.

      b. Si hay una refutación y el que la plantea decide no contestar, se verifica la respuesta. Si la respuesta original es errónea, el jugador debe colocar la ficha debajo de la pila.

      c. Si hay una refutación y el que la plantea da una respuesta, ésta es verificada.
         – Si el que refuta acierta, se queda con la ficha.
         – Si el que refuta no acierta y la respuesta original es correcta, el que la refutó debe colocar una de las fichas que ya ganó (si es que la tiene) debajo del mazo.
         – Si ambas respuestas son erróneas, la ficha se coloca debajo del mazo.

C. El juego concluye cuando ya no quedan más fichas en la pila. El jugador que tiene más fichas es el ganador.

LOS OBJETIVOS ACTITUDINALES

Para establecer objetivos actitudinales, referidos a las prácticas sociales, el docente tiene varias alternativas:

1. Supervisar los grupos de aprendizaje y diagnosticar problemas concretos que tengan los alumnos para trabajar en forma colectiva, y luego enseñarles una práctica social que puedan emplear para resolver esos problemas.
2. Preguntar a los alumnos qué prácticas sociales les servirían para mejorar su trabajo en equipo y luego enseñarles una de las que ellos propusieron.
3. Llevar una lista de las prácticas sociales que el docente quiere enseñar a toda la clase. (Algunas clases requieren determinadas conductas como parte de la tarea a cumplir. En esos casos, se puede variar el orden en el que se enseñan las prácticas sociales).
4. Antes de presentar una clase, el docente puede hacer un diagrama (véase la figura 2.3) de las maneras como los grupos pueden ejecutar la tarea y maximizar el aprendizaje de cada miembro. El diagrama es una herramienta visual simple pero eficaz para mostrar todos los pasos de una tarea determinada, que puede incluir o requerir ciertas prácticas sociales.

Para hacer el diagrama, se requiere:

a. Definir claramente dónde comienza y termina el proceso de aprendizaje, y qué deben adquirir y producir los alumnos. Esto se conoce como "definir los límites".
b. Identificar todos los pasos del proceso (los pasos clave, quién participa y quién hace qué cosa, en qué momento).
c. Secuenciar los distintos pasos.
d. Observar qué hace el grupo.
e. Cotejar el desempeño real con el diagrama. Revisar el diagrama o planificar cómo mejorar la calidad del desempeño de los miembros del grupo en cada paso.

Los alumnos podrán revisar continuamente el diagrama a medida que perfeccionan y ajustan su desempeño.

Figura 2.3. Conductas requeridas para leer un texto en pares
y responder preguntas de comprensión del texto

Comprensión del texto

Leer en silencio y en voz alta.   Escuchar para comprender.
Resumir "trozos" del texto.   Escuchar para verificar la exactitud
Relacionar la información   del resumen.
  con lo que los alumnos ya saben.

Producción de respuestas alternativas

Aportar ideas.   Alentarse mutuamente a participar.

Análisis del texto

Verificar la comprensión.   Alentarse mutuamente a participar.
Aclarar cada uno las ideas   Refutar cada uno las ideas
  de los demás.   de los demás.
Relacionar la información con lo que
  los alumnos ya saben

Acuerdo sobre las mejores respuestas

Procurar un consenso.   Reseñar alternativas posibles.

Dominio del contenido del texto

Verificar la comprensión.

Capítulo 3

LA CONFORMACIÓN DE LOS GRUPOS

Tres de las decisiones previas que debe tomar el docente son las referidas a cuántos miembros tendrá cada grupo de aprendizaje, cómo se distribuirán los alumnos en los distintos grupos y cuánto tiempo durarán los grupos.

LA CANTIDAD DE MIEMBROS DE LOS GRUPOS

No existe ninguna dimensión ideal para los grupos de aprendizaje cooperativo. La cantidad conveniente de miembros dependerá de los objetivos de la clase, de las edades de los alumnos y su experiencia en el trabajo en equipo, de los materiales y equipos a utilizar y del tiempo disponible para la clase. Los grupos de aprendizaje cooperativo suelen tener de dos a cuatro miembros. La regla empírica a aplicar es: "cuanto más pequeño sea el grupo, tanto mejor". En caso de duda, al docente le conviene formar pares o tríos de alumnos. Cada vez que tenga que determinar las dimensiones de los grupos, deberá tener en cuenta varios factores:

1. Al aumentar la cantidad de miembros de un grupo de aprendizaje, también se ampliará la gama de destrezas y capacidades presentes; el número de mentes dispuestas a adquirir y procesar la información, y la diversidad de puntos de vista. Con la incorporación de cada miembro, se incrementan los recursos que contribuyen al éxito del trabajo del grupo.

2. Cuanto más numeroso es el grupo, más habilidad deberán tener sus miembros para brindarle a todos la oportunidad de expresarse, para coordinar las acciones de los miembros, para llegar a un consenso, para asegurarse de que el material a aprender sea explicado y analizado, para hacer que todos los miembros cumplan la tarea y para mantener buenas relaciones de trabajo. Dentro de un par, los alumnos deben manejar sólo dos interacciones. Dentro de un trío, habrá seis interacciones que manejar. Dentro de un grupo de cuatro, las interacciones a encarar serán doce. Cuanto mayor es el número de interacciones, mayor será la cantidad de prácticas interpersonales y grupales necesarias para manejar esas interacciones.

3. Al aumentar la dimensión del grupo, disminuyen las interacciones personales entre los miembros y se reduce la sensación de intimidad. El resultado suele ser un grupo menos cohesionado y una menor responsabilidad individual para contribuir al éxito del trabajo del grupo.

4. Cuanto menor es el tiempo disponible, más reducido deberá ser el grupo de aprendizaje. Si sólo se dispone de poco tiempo para una lección determinada, el trabajo de a pares será más eficaz porque lleva menos tiempo para organizarse, opera con mayor rapidez y posibilita una intervención más prolongada por parte de cada miembro.

5. Cuanto más pequeño es el grupo, más difícil será que algunos alumnos se dejen estar y no hagan su aporte al trabajo colectivo. En los grupos reducidos, el desempeño de cada miembro es más visible y los alumnos son más responsables de sus actos, lo que garantiza la participación activa de todos.

6. Cuanto más reducido es el grupo, más fácil será detectar cualquier dificultad que pudieran tener los alumnos para trabajar juntos. Las peleas por dirigir las actividades, los conflictos no resueltos entre miembros del equipo, las cuestiones relativas al poder y el control, así como otros problemas que suelen darse cuando los alumnos trabajan juntos, son más visibles y más fáciles de enmendar en los grupos pequeños.

LA DISTRIBUCIÓN DE LOS ALUMNOS EN LOS GRUPOS

La productividad de un grupo está determinada por la capacidad de sus miembros para trabajar en equipo. El tiempo invertido en capacitar a los alumnos para que trabajen juntos es más productivo que el dedicado a tratar de juntar a determinados alumnos en un mismo grupo. Una vez que los alumnos han aprendido a trabajar juntos, hay varias maneras de distribuirlos en grupos.

Antes de concretar esa distribución, el docente tiene que decidir si los grupos de aprendizaje deberán ser homogéneos o heterogéneos. A veces conviene emplear grupos homogéneos, cuyos miembros tengan similar capacidad para enseñar determinadas prácticas sociales o alcanzar ciertos objetivos conceptuales. Por lo general, sin embargo, son preferibles los grupos heterogéneos. Los grupos compuestos por estudiantes con diferentes rendimientos y distintos intereses permiten que los alumnos tengan acceso a diversas perspectivas y métodos de resolución de problemas, y producen un mayor desequilibrio cognitivo, necesario para estimular el aprendizaje y el desarrollo cognitivo de los alumnos. Los grupos heterogéneos tienden a promover un pensamiento más profundo, un mayor intercambio de explicaciones y una mayor tendencia a asumir puntos de vista durante los análisis del material, todo lo cual incrementa la comprensión, el razonamiento y la retención a largo plazo de los alumnos.

Al formar los grupos, los alumnos pueden distribuirse al azar o en forma estratificada. Los grupos pueden ser establecidos por el docente o por los alumnos. Veamos cada uno de estos métodos.

La distribución al azar

La distribución al azar es el modo más fácil y eficaz de repartir a los alumnos para formar grupos. Se divide, simplemente, la cantidad de alumnos que hay en la clase por el número de integrantes que se desea que tenga cada grupo. Si el docente quiere formar grupos de tres integrantes y hay 30 alumnos en su clase, dividirá 30 por tres. Luego enumerará a los alumnos según el resultado de esa división, que en nuestro ejemplo será de 10. Los alumnos con el mismo número formarán entonces los grupos. Una variación de este método, que es la preferida por Roger, consiste en hacer que los alumnos cuenten en distintos idiomas (por ejemplo, en inglés, español, francés o húngaro) cada vez que los distribuye en grupos. Otras variaciones del procedimiento de la distribución al azar son las siguientes:

El método matemático. La estructura básica de este método consiste en proponerles a los alumnos un problema matemático y pedirle a cada uno que (a) resuelva el problema, (b) encuentre compañeros de clase cuyos problemas tengan la misma respuesta y (c) formen un grupo. Los problemas a proponer pueden ir desde una simple suma, en el primer grado (1º año de EGB), hasta ecuaciones complejas en el colegio secundario (Polimodal). Como puede imaginarse, el método matemático para distribuir a los alumnos en grupos admite infinitas variaciones.

Provincias y capitales. Puede distribuirse a los alumnos en grupos de dos o cuatro mediante el siguiente procedimiento. Se divide el número de alumnos (digamos que hay 30) entre dos. Se elige una región geográfica del país y se preparan fichas con los nombres de cada provincia. En otro juego de fichas se escriben los nombres de sus capitales. Las fichas se barajan y se reparten entre los alumnos. Cada uno debe encontrar al compañero que tiene la provincia o la capital correspondiente al suyo. Para formar grupos de cuatro alumnos, habrá que combinar dos provincias adyacentes y sus respectivas capitales.

Personajes históricos. El docente escribirá los nombres de algunos personajes históricos en un juego de fichas. Repartirá las fichas y hará que cada alumno encuentre a los otros miembros de su grupo de acuerdo con el período histórico en que vivieron los personajes en cuestión. Este procedimiento se puede variar agrupando a los personajes según sus ocupaciones, sus países de origen o ciertos hechos significativos en sus vidas.

Personajes literarios. Se entrega a cada alumno una ficha con el nombre de algún personaje de las obras literarias que han leído en clase. Se les indica que agrupen los personajes pertenecientes al mismo cuento, obra de teatro o poema. Puede emplearse cualquier tipo de obra.

Preferencias personales. Los alumnos escriben en un papel el nombre de su deporte preferido. Luego buscan cierta cantidad de compañeros a los que les gusta el mismo deporte. Como variaciones de este procedimiento, pueden emplearse las preferencias de los alumnos en materia de comidas, personajes famosos, actividades, marcas de autos, presidentes, animales, vegetales, personajes de cuentos de hadas, etcétera.

La distribución estratificada

Otro procedimiento similar es la distribución estratificada, que es igual al anterior con la salvedad de que el docente se asegura de que en cada grupo haya uno o dos alumnos con ciertas características específicas (como determinado nivel de lectura, estilo de aprendizaje, orientación a la tarea o interés personal). Para distribuir a los alumnos en grupos de cuatro al azar, pero con una estratificación según el nivel de rendimiento, puede emplearse el siguiente método.

En primer lugar, se establece un orden entre los alumnos, desde el superior hasta el inferior, sobre la base de un examen previo sobre el contenido de la clase, de una prueba reciente, de las calificaciones pasadas o del concepto del docente. En segundo lugar, se forma el primer grupo eligiendo al alumno de nivel superior, al de nivel inferior de rendimiento y a los dos del medio. Se los incluye en un mismo grupo, a menos que sean todos del mismo sexo, o no reflejen la composición étnica de la clase, o sean enemigos o bien amigos íntimos entre sí. Si se da alguna de estas condiciones, habrá que saltear a uno de los alumnos del medio para hacer un reajuste. En tercer lugar, se formarán los demás grupos repitiendo el procedimiento indicado con el resto de la lista. Si sobran alumnos, se los incluirá en los grupos. El mismo procedimiento puede emplearse para formar grupos de dos o tres estudiantes.

Las categorías empleadas para distribuir a los alumnos en grupos les indican a éstos cuáles son las características que el docente considera importantes. Si forma grupos de modo de que haya un varón de raza blanca, una niña blanca, un varón negro y una niña negra en cada grupo, le estará transmitiendo a la clase el mensaje de que el género y la etnia son factores importantes para el docente. El peligro es que poner de relieve estas categorías podría fomentar los estereotipos y los prejuicios de parte de los alumnos. La regla general es que si se distribuye a los alumnos según ciertas categorías, el docente debe emplear categorías especiales (como las de compendiador, pensador creativo, encargado de controlar el tiempo y bibliotecario). Les dirá a los alumnos: "En sus grupos hay un pensador creativo, una persona con habilidad para llevar la cuenta del paso del tiempo, alguien que sabe cómo utilizar la biblioteca y alguien que tiene facilidad para sintetizar todas las ideas propuestas en el grupo. Para realizar esta tarea, necesitarán el aporte de cada miembro." Al hacer hincapié en las destrezas y el talento personales de los alumnos, el docente los induce a prestar atención a los roles que habrán de desempeñar, y no a sus características personales.

Los grupos seleccionados por el docente

Seleccionar los grupos le permite al docente decidir quién va a trabajar con quién. Esto le permite asegurarse de que en ningún grupo haya una mayoría de alumnos poco laboriosos, o de que no queden juntos dos estudiantes que tienden a alterar mutuamente sus conductas. Uno de nuestros métodos preferidos es crear grupos de apoyo para cada estudiante aislado. A estos efectos, se pide a cada alumno que enumere tres compañeros de clase con los que le gustaría trabajar. Luego se cuenta la cantidad de veces en que fue elegido cada alumno. Así, es posible identificar a los estudiantes aislados de la clase (los que no fueron elegidos por ningún compañero). Estos son alumnos "de alto riesgo" que necesitan de la ayuda del docente. El alumno más aislado formará un grupo con dos de los compañeros más populares, solidarios y serviciales de la clase. Luego se determinará quién es el segundo alumno más aislado y se procederá de igual manera. De esta forma, el docente maximiza las probabilidades de que los alumnos aislados participen en las actividades de aprendizaje y entablen relaciones positivas con sus compañeros, a efectos de que ninguno se sienta relegado o rechazado.

Los grupos seleccionados por los propios alumnos

El procedimiento menos recomendable para distribuir a los alumnos en grupos es dejar que ellos mismos lo hagan. Los grupos seleccionados por los propios alumnos suelen ser homogéneos, es decir, que los miembros de un grupo son todos buenos alumnos, o todos de raza blanca, o todos varones, etcétera. Esto da lugar a que los alumnos se distraigan de la tarea y elimina la posibilidad de que amplíen su círculo de relaciones. Una modificación útil de este método de "seleccionar tu propio grupo" consiste en hacer que los alumnos enumeren a varios compañeros con los que les gustaría trabajar y luego ubicarlos en un grupo de aprendizaje con una persona que hayan enumerado y con otra elegida por el docente. (Véanse métodos adicionales para distribuir a los alumnos en grupos y una variedad de actividades para formar grupos y crear un clima de trabajo en R. Johnson y D. W. Johnson [1985].

LA DURACIÓN DEL GRUPO

Los docentes suelen preguntar: "¿Cuánto tiempo deben mantenerse los grupos de aprendizaje cooperativo?" Un factor para tener en cuenta para responder esta pregunta es el tipo de grupo de aprendizaje cooperativo que se esté empleando. Los grupos de base duran por lo menos un año, e idealmente, varios años. Los grupos informales duran sólo unos pocos minutos o, como máximo, un período de clase. La duración de un grupo formal depende, en gran medida, del grupo y del docente. Algunos docentes mantienen grupos de aprendizaje cooperativo durante todo un semestre o un año lectivo. Otros prefieren mantenerlos sólo el tiempo requerido para cumplir con una tarea, una unidad o un capítulo. Nuestro consejo es dejar que los grupos trabajen juntos durante el tiempo necesario para lograr un buen resultado. Deshacer los grupos que tienen dificultades para funcionar a menudo tiene el efecto de impedir que los alumnos aprendan las técnicas que necesitan para resolver problemas. Con todo, en el transcurso de un semestre o de un año cada alumno debería trabajar con cada uno de los demás. Si se les hace saber a los alumnos que en algún momento trabajarán con todos los otros, se sentirán mejor predispuestos a trabajar en grupos que al principio podrían no gustarles, y ésta es una importante lección en sí misma.

Capítulo 4

LA DISPOSICIÓN DEL AULA

La disposición y el arreglo del espacio y los muebles del aula afectan casi todas las conductas de los alumnos y del docente, y pueden facilitar o bien obstruir el aprendizaje. El modo en que el docente arregla su aula es importante por muchas razones (véase D. W. Johnson, 1979):

1. El aspecto físico y espacial del aula es un indicio de la clase de conducta que el docente considera apropiada y que espera que se manifieste en su aula. La disposición de los pupitres en filas transmite un mensaje y unas expectativas diferentes que la agrupación de los pupitres en círculos pequeños.
2. El arreglo del aula influye en el rendimiento de los alumnos y en la cantidad de tiempo que dedican a realizar tareas debido a que afectan el foco de atención visual y auditivo de los estudiantes. El arreglo del aula debe crear un orden global que permita centrar la atención visual. También debe favorecer la acústica.
3. El arreglo del aula influye en la manera en que los alumnos (y el docente) participan en las actividades didácticas, en el surgimiento de líderes en los grupos de aprendizaje y en las formas de comunicación entre los alumnos (y entre éstos y el docente).
4. La disposición del aula afecta las oportunidades de los alumnos de establecer contacto y entablar amistades.

5. Una buena disposición espacial ayuda a los alumnos a sentirse más seguros, pues les permite saber dónde comienzan y terminan las áreas de aprendizaje estructuradas. Esto contribuye a crear una sensación de bienestar, satisfacción y comodidad, y a mejorar el estado de ánimo de los alumnos y el docente.
6. Un buen arreglo de aula facilita la circulación y las interacciones en el aula, y orienta el trabajo y la conducta de los alumnos (evitando así ciertos problemas de disciplina). También facilita las transiciones entre una actividad didáctica y otra.

Pautas generales

Al disponer el aula para el trabajo en grupos, el docente debe tener presentes las siguientes pautas (véase también D. W. Johnson, 1979):

1. Los miembros de un grupo de aprendizaje deben sentarse juntos y de forma tal que puedan mirarse a la cara. Deben estar lo bastante cerca como para poder compartir los materiales, verse a los ojos, hablar entre ellos sin molestar a los demás grupos e intercambiar ideas y materiales con comodidad. Los alumnos tienden a compartir los materiales con los compañeros que están sentados a su lado y a interactuar más frecuentemente con los que están frente a ellos.
2. Todos los alumnos deben estar en condiciones de ver al docente al frente del aula sin tener que retorcerse en sus sillas o adoptar una posición incómoda.
3. Los distintos grupos deben estar lo bastante separados como para que no interfieran unos con otros y para que el docente tenga despejado el camino hacia cada grupo.
4. La circulación es el flujo de movimiento de entrada, de salida y dentro del aula. El docente determina qué ven los alumnos, cuándo lo ven y con quién interactúan a través de la forma en que dispone la circulación en el aula. Para emplear con eficacia el aprendizaje cooperativo, hay que arreglar el aula de modo que los alumnos tengan un fácil acceso a los demás, al

docente y a los materiales que necesitan para ejecutar las tareas asignadas.

5. El arreglo del aula debe permitirles a los alumnos cambiar la composición de los grupos con rapidez y en silencio. Durante una clase, el docente necesitará que los alumnos pasen de formar grupos de tres (o cuatro) a trabajar de a pares, y luego volver a reunirse en tríos; esto requiere que la disposición del aula sea flexible.

El uso flexible del espacio:
La definición de las áreas de trabajo

Como no hay una única disposición del aula que satisfaga los requisitos de todos los objetivos y las actividades de enseñanza, el docente debe mantenerla arreglada en forma flexible. Para poder reordenar el aula, pasando de las filas a los grupos de a tres, a los pares y a los grupos de a cuatro, hay que establecer puntos de referencia y límites bien definidos del lugar de trabajo.

La eficacia del ambiente visual está dada por la interacción del color, la forma y la iluminación. El docente puede utilizar elementos visualmente atractivos para centrar la atención de los alumnos en ciertos puntos del aula (en el grupo de aprendizaje, en el docente, en los materiales didácticos) y definir los límites territoriales de los lugares de trabajo de varias maneras:

1. Utilizar rótulos y signos para designar determinadas áreas.
2. Utilizar colores para captar la atención visual y definir espacios grupales e individuales, así como distintas áreas de almacenamiento de materiales y equipos.
3. Trazar líneas en el suelo o en las paredes para delimitar distintas áreas de trabajo. (También pueden colgarse móviles del cielorraso, lo que suele ser poco utilizado en la mayoría de las aulas.)
4. Utilizar formas tales como flechas dibujadas en la pared o colgando del cielorraso para dirigir la atención de los alumnos.
5. Utilizar la iluminación para delimitar determinadas áreas de trabajo y centrar la atención de los alumnos. La luz directa (es

decir, iluminar parte del aula dejando las demás en penumbras) sirve para intensificar y orientar la atención de los alumnos. Las zonas muy iluminadas atraen a la gente y dan una sensación de actividad. Las áreas en penumbras que circundan a las luminosas funcionan como límites. Al cambiar la actividad en el aula, también cambiará la iluminación.

6. Cambiar de lugar los muebles para delimitar las áreas de trabajo y de almacenamiento de materiales. Las plantas elevadas, colocadas en portamacetas con ruedas, pueden cambiarse de sitio para hacerlas funcionar como límites.

7. Exhibir el trabajo grupal para delimitar los lugares de trabajo. Si un grupo cooperativo va a mantenerse unido durante un período de varios días o semanas, sus miembros pueden hacer un cartel o un dibujo que indique su área de trabajo.

LA DISPOSICIÓN DEL AULA Y EL MANEJO DE LA CLASE

La forma en que el docente arregle el aula puede aumentar o bien reducir la cantidad de problemas de disciplina. Muchos de estos problemas se producen en las partes del aula que no son supervisadas. Los alumnos suelen portarse mal porque creen que el docente no está viéndolos y no se dará cuenta. Arreglando el aula de un modo que le permita al docente tener un acceso fácil a cada grupo y supervisar sin dificultades a toda la clase, se podrán evitar muchos problemas de disciplina. En la figura 4.1 se muestra cómo hacer esto con grupos de dos, tres o cuatro miembros.

Hay que tener cuidado con los alumnos que quieren sentarse en el fondo del aula. En comparación con los que se sientan al frente o en el medio, estos alumnos tienden a intervenir menos en clase, a prestar menos atención, a trabajar menos en su pupitre y a tener un menor nivel de rendimiento. Los alumnos hostiles o retraídos suelen preferir sentarse en el fondo del aula, lo que los vuelve aun más huraños. Aconsejamos al docente que haga moverse a los alumnos por toda el aula durante cada período de clase, de manera que ninguno se quede en el fondo durante mucho tiempo.

Figura 4.1. La disposición del aula

Grupos de tres

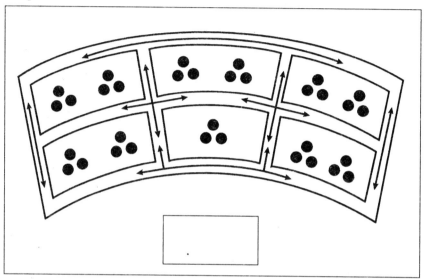

Grupos de dos o cuatro

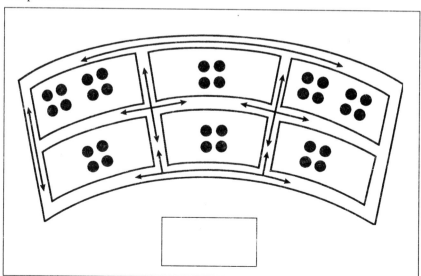

Capítulo 5

LA ASIGNACIÓN DE ROLES

Al planificar una clase, el docente tiene que considerar qué acciones deberán realizarse para maximizar el aprendizaje de los estudiantes. Los roles indican qué puede esperar cada miembro del grupo que hagan los demás y, por lo tanto, qué está obligado a hacer cada uno de ellos. A veces, los alumnos se niegan a participar en un grupo cooperativo o no saben cómo contribuir al buen desarrollo del trabajo en grupo. El docente puede ayudar a resolver y prevenir ese problema otorgándole a cada miembro un rol concreto que deberá desempeñar dentro del grupo. La asignación de roles tiene varias ventajas:

1. Reduce la probabilidad de que algunos alumnos adopten una actitud pasiva, o bien dominante, en el grupo.
2. Garantiza que el grupo utilice las técnicas grupales básicas y que todos los miembros aprendan las prácticas requeridas.
3. Crea una interdependencia entre los miembros del grupo. Esta interdependencia se da cuando a los miembros se les asignan roles complementarios e interconectados.

Asignar roles a los alumnos es una de las maneras más eficaces de asegurarse de que los miembros del grupo trabajen juntos sin tropiezos y en forma productiva. Los roles se clasifican según su función:

1. *Roles que ayudan a la conformación del grupo:*
   a. Supervisor del tono de voz (controla que todos los miembros del grupo hablen en tono bajo).
   b. Supervisor del ruido (controla que todos los compañeros se muevan entre los grupos sin hacer ruido).
   c. Supervisor de los turnos (controla que los miembros del grupo se turnen para realizar la tarea asignada).
2. *Roles que ayudan al grupo a funcionar (es decir, que ayudan al grupo a alcanzar sus objetivos y a mantener relaciones de trabajo eficaces):*
   a. Encargado de explicar ideas o procedimientos (transmite las ideas y opiniones de cada uno).
   b. Encargado de llevar un registro (anota las decisiones y redacta el informe del grupo).
   c. Encargado de fomentar la participación (se asegura de que todos los miembros del grupo participen).
   d. Observador (registra la frecuencia con que los miembros del grupo adoptan las actitudes deseadas).
   e. Orientador (orienta el trabajo del grupo revisando las instrucciones, reafirmando el propósito de la tarea asignada, marcando los límites de tiempo y sugiriendo procedimientos para realizar la tarea con la mayor eficacia posible).
   f. Encargado de ofrecer apoyo (brinda apoyo verbal y no verbal mediante la consulta y el elogio de las ideas y las conclusiones de los demás).
   g. Encargado de aclarar/parafrasear (reformula lo que dicen otros miembros para clarificar los puntos tratados).
3. *Roles que ayudan a los alumnos a formular lo que saben e integrarlo con lo que están aprendiendo:*
   a. Compendiador o sintetizador (reformula las principales conclusiones del grupo, o lo que se ha leído o analizado, del modo más completo y exacto que le es posible, sin hacer referencia a ninguna nota ni al material original).
   b. Corrector (corrige cualquier error en las explicaciones de otro miembro o resume y complementa cualquier dato importante que haya sido omitido).

 c. Encargado de verificar la comprensión (se asegura de que todos los miembros del grupo sepan explicar cómo se llega a determinada respuesta o conclusión).

 d. Investigador/mensajero (consigue el material necesario para el grupo y se comunica con los otros grupos de aprendizaje y con el docente).

 e. Analista (relaciona los conceptos y las estrategias actuales con el material previamente estudiado y con los marcos cognitivos existentes).

 f. Generador de respuestas (produce y pone a consideración del grupo otras respuestas factibles además de las primeras que aportan los miembros).

4. *Roles que ayudan a incentivar el pensamiento de los alumnos y mejorar su razonamiento:*

 a. Crítico de ideas, NO de personas (cuestiona intelectualmente a sus compañeros criticando sus ideas, al mismo tiempo que les transmite su respeto en tanto personas).

 b. Encargado de buscar fundamentos (les pide a los miembros del grupo que fundamenten sus respuestas y conclusiones con hechos o razonamientos).

 c. Encargado de diferenciar (establece las diferencias entre las ideas y los razonamientos de los miembros del grupo para que todos entiendan y sopesen los diversos puntos de vista).

 d. Encargado de ampliar (amplía las ideas y conclusiones de los miembros del grupo, agregando nueva información o señalando consecuencias).

 e. Inquisidor (hace preguntas profundas que conducen a un análisis o profundizan la comprensión).

 f. Productor de opciones (va más allá de la primera respuesta o conclusión del grupo y genera varias respuestas factibles entre las cuales optar).

 g. Verificador de la realidad (verifica la validez del trabajo del grupo en función de las instrucciones, del tiempo disponible y del sentido común).

 h. Integrador (integra las ideas y los razonamientos de los miembros del grupo en una única posición con la que todos puedan concordar).

Otros roles posibles son: los roles relativos a los recursos, en los que cada miembro debe aportar una pieza clave de información para incorporarla al producto total del grupo; los roles referentes a asumir perspectivas, que requieren que cada miembro aporte una perspectiva o punto de vista al producto final del grupo (por ejemplo, una perspectiva ética, económica, cultural o global); los roles cognitivos, por los que cada miembro debe aportar un aspecto del proceso de pensamiento crítico al producto final del grupo (por ejemplo, análisis, síntesis, evaluación, elaboración, aplicación).

LA PRESENTACIÓN DE LOS ROLES

La manera más fácil de presentar el concepto de los roles grupales a los alumnos es emplear la analogía de un equipo deportivo. En el fútbol, por ejemplo, cuatro de los roles son los de arquero, defensor, mediocampista y delantero. El docente anota estos roles en el pizarrón y les pide a los alumnos que expliquen por qué es importante cada rol y qué sucede si uno o dos de los jugadores no cumplen con su cometido. Luego les informa que va a organizar a la clase en grupos de aprendizaje cooperativos en los que cada miembro tendrá un rol clave que desempeñar.

Figura 5.1. Los roles en el fútbol

Rol	*Qué sucede cuando una persona no cumple con su cometido*
Arquero	
Defensor	
Mediocampista	
Delantero	

Es importante ir presentando gradualmente los roles a los alumnos a medida que empiezan a trabajar en los grupos de aprendizaje cooperativo. Un procedimiento que ha probado ser útil es el siguiente:

1. Hacer que los alumnos se reúnan en pequeños grupos de aprendizaje cooperativo unas cuantas veces, sin asignarles roles, para que vayan acostumbrándose a trabajar juntos.
2. Al principio, asignar sólo roles muy simples a los alumnos, como los de lector, encargado de llevar registros y encargado de fomentar la participación. Pueden asignarse sólo roles formativos (como los de supervisar el tono de voz y los turnos) hasta que los alumnos estén en condiciones de trabajar cooperativamente en forma sostenida.
3. Rotar los roles para que cada miembro del grupo desempeñe cada rol varias veces.
4. Introducir periódicamente un nuevo rol, un poco más complejo, comenzando con alguno tal como el de encargado de verificar la comprensión. Agregarlo a la rotación.
5. Asignar roles referentes al funcionamiento.
6. Con el tiempo, agregar roles referentes a la formulación y al incentivo, que no se dan espontáneamente en el grupo. El rol de analista es un ejemplo al respecto. Los alumnos suelen olvidarse de relacionar lo que están aprendiendo con lo que ya saben, a menos que el docente los capacite para hacerlo.

EL EMPLEO DE FICHAS DE LOS ROLES

Pueden emplearse fichas de los roles para ayudar a los alumnos a ejercitar ciertas prácticas sociales, a entender cómo han de cumplir sus roles y a saber qué decir cuando desempeñan un rol dado. Las fichas son muy útiles cuando se introduce un nuevo rol. Tras decidir cuántos grupos habrá y qué roles se asignarán a sus miembros, el docente puede elaborar un juego de fichas de los roles para cada grupo. Escribirá el nombre del rol de un lado de la ficha y las frases que podría decir quien lo desempeña del otro lado (véase la figura 5.2).

Figura 5.2. Ficha del rol

Encargado de verificar la comprensión	"Explícame..." "Dame un ejemplo de..." "¿Cómo llegamos a esa respuesta?" "Repasemos eso."

Al distribuir las fichas al comienzo de la lección, el docente puede asignarle deliberadamente un rol a determinado alumno o bien asignar los roles al azar, tomando como base el color de la ropa de los alumnos, por ejemplo, o su ubicación en el grupo. Hay que acordarse de rotar los roles regularmente para que todos los alumnos adquieran práctica en cada tarea. El docente les explicará los nuevos roles a los alumnos y los hará practicarlos antes de que el grupo se ponga a trabajar. Cada tanto, además, habrá que repasar los roles más viejos y hacer que los alumnos los practiquen.

LA EJECUCIÓN DE TAREAS
Y EL TRABAJO EN EQUIPO

Capítulo 6

LA EXPLICACIÓN DE LA TAREA ACADÉMICA

Una vez que el docente seleccionó los objetivos conceptuales, tomó las decisiones previas y efectuó los preparativos necesarios, ha llegado el momento de que les explique a los alumnos qué deben hacer para cumplir la tarea asignada y cuál es la mejor manera de hacerlo. Debe explicarles la tarea de modo que entiendan claramente el carácter y los objetivos de la clase. La tarea asignada debe ser clara y mensurable, para que los alumnos sepan qué se espera que hagan ("deben leer el cuento y contestar las preguntas correctamente") y para que el docente pueda evaluar si lo han hecho o no. Es conveniente especificar el resultado esperado de la tarea, para que los alumnos se concentren en los conceptos y la información pertinentes durante el transcurso de la clase.

Después de explicar la tarea y los objetivos, hay que mencionar los conceptos, principios y estrategias que deberán emplear los alumnos, y relacionarlos con su experiencia y aprendizaje previos. Para ello, el docente definirá los conceptos pertinentes, responderá cualquier pregunta que puedan formular los alumnos acerca de los conceptos o hechos que van a aprender o a aplicar durante la clase y ofrecerá ejemplos que los ayuden a entender qué van a aprender y a hacer al ejecutar la tarea.

A continuación, se explicarán los procedimientos que deben seguir los alumnos para realizar la tarea, incluyendo el modo de trabajar en grupo. Si el docente se limita a decirles a los alumnos que trabajen juntos, ellos mismos decidirán qué significa "trabajar juntos". Esto no basta para garantizar un óptimo aprendizaje. Un procedimiento que puede explicárseles a los alumnos que tienen la tarea de "leer el texto y contestar las preguntas", por ejemplo, es el siguiente:

1. Algunos miembros del grupo leen el texto en voz alta mientras los demás lo leen en silencio y escuchan. Los que escuchan corrigen cualquier error cometido en la lectura.
2. Se lee la primera pregunta.
   a. Cada alumno ofrece respuestas posibles.
   b. El encargado de llevar el registro se asegura de que se ofrezcan al menos tres respuestas aceptables.
   c. El grupo decide cuál es la mejor de las respuestas.
   d. El encargado de verificar la comprensión pide a uno o más miembros del grupo que expliquen por qué la respuesta elegida es la mejor.
3. Se repite el segundo paso para cada pregunta.
4. Después de haber contestado todas las preguntas, el grupo resume su visión global del texto, de lo que éste significa y de la relación que guarda lo que han aprendido con sus anteriores conocimientos sobre el tema.

A veces conviene formular algunas preguntas concretas a los alumnos antes de que empiecen a trabajar en los grupos, para verificar si han entendido la tarea. Mediante estas preguntas se establece una comunicación de ida y vuelta que le permite al docente constatar que ha asignado correctamente la tarea y que los alumnos están en condiciones de ponerse a trabajar.

El docente debe asegurarse de que los grupos produzcan un resultado visible, al que cada miembro pueda poner su firma. Esto contribuye a que los miembros del grupo se concentren en la tarea y se comporten en forma responsable.

Los organizadores visuales

Al explicar una tarea, el docente puede ofrecer una estructura visual que los alumnos utilizarán para organizar sus pensamientos. Los organizadores visuales son ilustraciones con espacios en blanco en las que se emplean líneas, flechas, recuadros y círculos para mostrar las relaciones existentes entre ciertos hechos o ideas abstractas. Sirven para orientar la actividad mental de los alumnos por la vía de suministrar un formato espacial pertinente a sus pensamientos, y para fomentar su participación a través de brindarles una dirección y un propósito a los alumnos que puedan tener dificultades cuando sólo se les dan instrucciones verbales o preguntas abstractas.

El organizador visual debe adecuarse al proceso de pensamiento que requiera la actividad a realizar. El docente puede mostrarlo mediante una proyección en la pared o dibujarlo en el pizarrón para que los alumnos lo copien, o hacer una copia para cada alumno o grupo. Hay que enseñarles a los alumnos cómo usar el organizador visual. A tal efecto, puede hacerse una breve demostración.

Los siguientes son ejemplos de organizadores visuales.

Diagramas radiales y mapas mentales

Un diagrama radial es una rueda que tiene un centro, en el que aparece una idea principal, un hecho importante o una conclusión, y varios radios que apuntan a otras ideas e informaciones suplementarias. El objetivo del diagrama radial es ayudar a los alumnos a organizar y aclarar lo que saben acerca de un concepto. En el centro de la rueda podría ubicarse, por ejemplo, el concepto de la "ley de gravedad". Los radios que parten de este centro serán palabras y frases que escribirán los alumnos para describir la ley de gravedad. El diagrama radial puede ser ampliado a efectos de utilizarlo como una herramienta para organizar y clarificar las relaciones existentes entre los conceptos. Esto puede hacerse mediante la elaboración de un mapa mental.

Un mapa mental es un diagrama radial ampliado que contiene cuatro elementos principales: (a) una idea clave, (b) ideas subsidiarias, (c) ideas complementarias, y (d) conectores para mostrar las relaciones existentes.

Figura 6.1. Diagrama radial

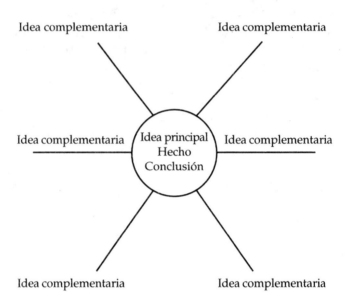

El *continuum*

Los alumnos utilizan un *continuum* para las tareas en las que deben clasificar u ordenar el material. En una clase de ciencias naturales por ejemplo, el docente puede darles a los alumnos una lista de animales y un *continuum* en blanco, y pedirles que clasifiquen los ciclos de vida de esos animales de mayor a menor.

También se les puede indicar que clasifiquen la calidad de vida de los animales, desde la superior a la inferior, después de especificar los criterios para determinar la calidad de vida. Los alumnos podrán entonces clasificar a cada animal de acuerdo con esos criterios.

Figura 6.2. El continuum

Ciclo de vida   Calidad de vida

Más largo   Superior

_____   _____

_____   _____

_____   _____

_____   _____

_____   _____

_____   _____

_____   _____

Más corto   Inferior

El diagrama en cadena

Cuando el docente quiera que los alumnos registren los pasos seguidos en un procedimiento, o las etapas de un proceso, puede proporcionarles un diagrama en cadena. Les mostrará, por ejemplo, los pasos utilizados para enseñar una destreza. Luego les presentará una serie de conductas y les pedirá que las clasifiquen según el paso al que corresponden.

Las etapas de la vida, los pasos que se dan para hacer una torta, el procedimiento de golpear una pelota de golf y muchas otras actividades, pueden ser ubicadas en un diagrama en cadena para brindarles a los alumnos un organizador visual de lo que están aprendiendo.

Figura 6.3. Diagrama en cadena
Cómo enseñar una destreza

Pasos   **Conductas observadas**

Paso 1: Establecer la necesidad de adquirir
la destreza.

Paso 2: Definir la destreza.

Paso 3: Práctica guiada de la destreza.

Paso 4: Realimentación guiada y reflexión.

Paso 5: Repetir los pasos 3 y 4 una y otra
vez.

El diagrama reticulado

Los alumnos pueden emplear un diagrama reticulado cuando tienen la tarea de elaborar detalles para fundamentar una idea central. El docente comenzará por darles una idea central, como la de la contaminación de los océanos, por ejemplo, y les indicará que deben elaborar una serie de categorías con las cuales evaluarán esa idea. Los alumnos podrían decidir que van a aplicar criterios referentes a los efectos económicos, ambientales, políticos y otros. Luego enumerarán los factores pertinentes a cada criterio.

Figura 6.4. Diagrama reticulado

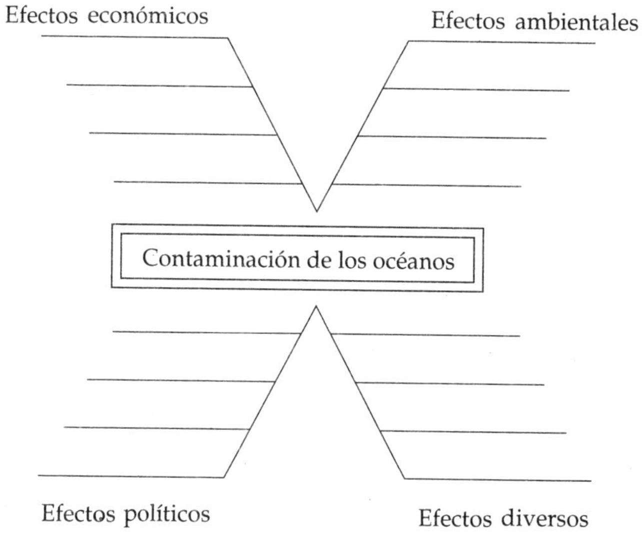

Efectos económicos

Efectos ambientales

Contaminación de los océanos

Efectos políticos

Efectos diversos

El gráfico

El docente puede utilizar un gráfico para que los alumnos formulen una conclusión y luego la fundamenten con datos concretos. Los estudiantes también pueden emplear gráficos para comparar o cotejar ideas, acontecimientos, estilos o personas en cualquier área temática. Por ejemplo, se puede asignar la tarea de elegir tres decisiones cruciales que condujeron a la Revolución Norteamericana. Los alumnos deberán: (a) investigar las posiciones existentes al respecto, (b) tomar una decisión personal basada en la información que recogieron, y (c) fundamentar su decisión haciendo referencia a los hechos. La fórmula de pedirles a los alumnos que emitan juicios y expongan sus fundamentos puede aplicarse a una diversidad de materias y disciplinas, y puede ser empleada por los alumnos para evaluar cualquier hecho histórico o literario.

Figura 6.5. Decisiones que condujeron a la Revolución Norteamericana

Decisiones tomadas	Decisión de los alumnos	Fundamento
La reunión de Boston		
La demostración que provocó la Masacre de Boston		
La resistencia armada en Lexington y Concord		

Otra forma de llevar a cabo este procedimiento consiste en hacer que los alumnos evalúen a los personajes históricos. Para ello, el docente les pedirá que examinen fuentes de información primarias y secundarias sobre los individuos que están estudiando, y que le otorguen a cada uno una "calificación" sobre la base de determinados criterios preestablecidos. Tras haber empleado este tipo de diagrama varias veces, los alumnos estarán en condiciones de proponer sus propios criterios para evaluar a personajes históricos o literarios.

Figura 6.6. Comparación de personajes históricos

Teddy Roosevelt	Calificación	Razones
Aspectos relativos a		
Liderazgo		
Valores personales		

Además de los organizadores visuales aquí mencionados, el docente puede informarse acerca del empleo de esquemas, diagramas de Venn, jerarquías y diagramas causales, todos los cuales figuran en D. W. Johnson y R. Johnson (1992).

LA EXPLICACIÓN DE LOS RESULTADOS ESPERADOS

Al explicarles a los alumnos la tarea a realizar, el docente también debe indicarles qué nivel de rendimiento espera que alcancen. El aprendizaje cooperativo requiere una evaluación basada en criterios. Este tipo de evaluación implica adoptar una serie de estándares y juzgar el rendimiento de cada alumno en función de esos estándares. Si el alumno alcanza un rendimiento acorde con esos estándares, aprueba, y si no lo alcanza, desaprueba. Una versión común de la evaluación basada en criterios consiste en asignar calificaciones según el porcentaje de preguntas de examen correctamente contestadas.

En ciertas ocasiones, el docente puede establecer que el criterio de excelencia será el grado de mejora (rendir más esta semana que la anterior). Para promover la cooperación dentro del grupo, también pueden fijarse criterios para toda la clase, por ejemplo: "Si toda la clase logra una puntuación de más de 520 palabras correctas en la prueba de vocabulario, cada alumno recibirá dos puntos adicionales".

LA CREACIÓN DE EXPECTATIVAS RESPECTO DE LA CLASE

Al comienzo de la clase, el docente puede hacer que los alumnos se reúnan de a dos o tres para establecer sus expectativas acerca de lo que tratará la clase y para organizar de antemano lo que ya saben sobre el tema en cuestión. Tres modos de crear expectativas y fomentar la organización previa de los conocimientos de los alumnos son los siguientes:

1. Discusión en pares.
2. Escritos preparatorios.
3. Preguntas y respuestas en pares.

La discusión en pares

Al principio de la clase, el docente puede recurrir a la discusión en pares para ayudar a los alumnos a organizar cognitivamente de antemano lo que saben acerca de los contenidos a estudiar y a establecer sus expectativas respecto de la clase. A estos efectos, el docente debe preparar hasta tres preguntas sobre el punto central de la lección y hacer que cada alumno forme un par con el compañero que está a su lado para responder las preguntas. Se les indicará a los alumnos que elaboren una respuesta conjunta para cada pregunta siguiendo el procedimiento de formular, transmitir, escuchar y elaborar ideas.

1. Cada alumno formula una respuesta.
2. Los alumnos se transmiten sus respectivas respuestas.
3. Cada alumno escucha atentamente la respuesta del otro.
4. Cada par elabora una nueva respuesta, superior a la que dio en un principio cada miembro, construyendo ésta mediante la asociación, el análisis de las ideas de todos y la síntesis.

Para verificar que todos se hagan personalmente responsables de los resultados de esta actividad, el docente elegirá a algunos miembros de los distintos pares y les pedirá que expliquen las respuestas dadas a cada pregunta.

Los escritos preparatorios

Antes de la clase, el docente puede pedirles a los alumnos que hagan una breve tarea escrita. Aunque los escritos no sean calificados, esta actividad obliga a los alumnos a organizar sus ideas y a hacerse responsables del desarrollo de la lección.

Antes de iniciar una lección, el docente hará que todos los alumnos de la clase elijan una teoría, un concepto, una idea o un personaje correspondiente a la lectura asignada, y que hagan un trabajo escrito de una o dos páginas. Deberán resumir el texto leído y agregar material de otro libro, artículo, periódico o cualquier fuente pertinente para enriquecer su análisis.

Se aplicará entonces la estructura cooperativa haciendo que los estudiantes traigan una copia de su trabajo para cada miembro de su grupo de base cooperativo (véase el capítulo 1). Los grupos dispondrán de dos a tres minutos para resumir sus trabajos. Los miembros de cada grupo leerán, corregirán y comentarán los trabajos de sus compañeros y llenarán un formulario de evaluación para cada trabajo. Cuando el grupo haya terminado, los alumnos firmarán los trabajos de cada miembro para demostrar que los han leído y han aportado ideas para mejorarlos. Los grupos cooperativos también harán una reseña de lo que han aprendido a partir de los trabajos escritos y de cómo se aplica ese conocimiento al tema de la clase.

Figura 6.7. Formulario de evaluación de los escritos preparatorios

Puntuación posible	Criterios	Puntuación otorgada
10	Tiene un título descriptivo, atinado y claro.	
10	Comienza con el planteo de una hipótesis .	
10	Incluye sangría en cada párrafo.	
10	Cada párrafo comienza con una oración temática.	
10	Mayúsculas, presentación, puntuación, ortografía.	
10	Contiene información proveniente de al menos dos fuentes.	
10	Contiene fundamentos convincentes.	
10	Contiene análisis y pensamiento crítico.	
10	Incluye conclusiones al final.	
10	Otros:	
100	*Total*	

Al dorso de esta hoja, anotar sugerencias concretas sobre cómo mejorar el trabajo escrito.

Preguntas y respuestas en pares

A efectos de que los alumnos se preparen para la lección, el docente puede hacerlos leer un texto y escribir una serie de preguntas sobre los puntos principales del texto. Esto sirve para que cada alumno elabore una serie de preguntas que habrán de responder sus compañeros de grupo. El docente debe asegurarse de que los alumnos registren el número de página y de párrafo en que aparecen las respuestas a sus preguntas por si surgen discrepancias en el grupo en torno a cuál es la contestación correcta.

Figura 6.8. Tarea domiciliaria

	Punto principal	*Pregunta*	*Respuesta*	*Página n⁰*
1				
2				
3				
4				

Al principio de la clase, el docente dividirá a los alumnos en pares, al azar. Los miembros de cada par se turnarán para formular sus preguntas y corregir las respuestas incorrectas. Durante esta actividad, el docente debe acercarse a todos los pares, de a uno por vez, para comentar su trabajo y para formular y contestar preguntas.

Capítulo 7

LA INTERDEPENDENCIA POSITIVA

En un partido de fútbol, el mediocampista que hace un pase y el delantero que lo recibe dependen uno del otro para convertir un gol. No importa lo bueno que sea el pase del mediocampista si el delantero no le pega bien a la pelota. Y por bien que patee el delantero, no podrá hacer el gol si el mediocamplista no le hace un buen pase. Los dos jugadores son positivamente interdependientes. Si uno de ellos falla, fallan los dos. Este tipo de interdependencia positiva es esencial para el aprendizaje cooperativo.

Tras explicarles la tarea a los alumnos, el docente debe crear un clima de cooperación entre ellos a través de la implementación de una interdependencia positiva dentro de la clase. La interdependencia positiva vincula a los alumnos de tal modo que ninguno de ellos podrá cumplir la tarea a menos que todos lo hagan. Cuando los estudiantes comprenden con claridad qué es la interdependencia positiva, se dan cuenta de que el trabajo de cada miembro es indispensable para que el grupo logre sus objetivos (es decir, que nadie puede aprovecharse de los demás) y que cada uno de ellos tiene algo exclusivo que aportar al esfuerzo conjunto debido a la información con que cuenta, al rol que desempeña y a su responsabilidad en la tarea (es decir, que no pueden distraerse y perder el tiempo).

Los dos pasos necesarios para implementar la interdependencia positiva en los grupos de aprendizaje son:

1. Formular metas que apunten a establecer una interdependencia positiva.
2. Suplementar y reforzar la interdependencia positiva respecto de las metas, incorporando formas adicionales de interdependencia (respecto de los materiales, los premios o festejos, los roles, las identidades y otras).

La interdependencia positiva respecto de las metas

Toda clase cooperativa incluye la interdependencia positiva respecto de las metas a alcanzar. En esencia, el docente les dice a los alumnos: "Ustedes tienen tres deberes. Deben aprender el material asignado. Deben asegurarse de que todos los demás miembros de su grupo aprendan el material asignado. Y deben asegurarse de que todos los miembros de la clase aprendan el material asignado." La interdependencia positiva respecto de los objetivos tiene el efecto de unir a los miembros del grupo en torno a un objetivo en común; les da una razón concreta para actuar.

A los efectos de implementar la interdependencia positiva respecto de las metas, el docente les informará a los alumnos que deben alcanzar los siguientes objetivos:

1. Todos los miembros del grupo obtendrán una puntuación acorde con el criterio preestablecido cuando se los evalúe individualmente: "Cada uno debe tener más del 90 por ciento de las respuestas correctas en la prueba de evaluación y debe asegurarse de que todos los demás miembros del grupo también superen el 90 por ciento."
2. Todos los miembros del grupo mejorarán su rendimiento, superando sus niveles anteriores. "Procuren que cada miembro del grupo obtenga una calificación superior a la que tuvo la semana pasada".
3. La puntuación global del grupo (determinada por la suma de las puntuaciones de todos los miembros) superará el estándar preestablecido: "Cada miembro del trío puede obtener hasta 100 puntos. Voy a sumar los puntos de cada uno de ustedes para determinar la puntuación total del grupo. Esa puntuación deberá ser de más de 270 puntos."

4. El grupo producirá un resultado concreto satisfactorio (por ejemplo, una serie de respuestas): "Cada grupo debe realizar un experimento científico y entregar un informe firmado por cada miembro, indicando su conformidad con el informe y su capacidad de explicar qué se hizo, por qué y cómo se hizo".

El docente deberá implementar una y otra vez la interdependencia positiva respecto de los objetivos, hasta que él y sus alumnos lleguen a considerarla como una parte natural de cualquier clase. El método preferido por Roger para fomentar la interdependencia positiva consiste en hacer que todos los miembros firmen el trabajo final del grupo o los trabajos de cada uno de ellos. Al poner su firma, los alumnos saben que están diciendo tres cosas:

1. Estoy de acuerdo con la respuesta del grupo.
2. He aprendido los materiales y procedimientos requeridos.
3. Doy mi palabra de honor de que todos los miembros de este grupo han aprendido los materiales y procedimientos requeridos.

OTROS TIPOS DE INTERDEPENDENCIA

Cuando los alumnos comienzan a trabajar cooperativamente por primera vez, la interdependencia respecto de los objetivos no suele ser suficiente para garantizar la cooperación entre ellos. Muchas veces, el docente debe complementarla con otros tipos de interdependencia positiva. Cuantas más formas de interdependencia positiva se implementen en una clase, tanto mejores serán los resultados.

Interdependencia respecto de los recursos

Para implementar la interdependencia respecto de los recursos, el docente le dará a cada miembro de un grupo sólo una parte de la información, los materiales u otros elementos necesarios para realizar una tarea, de modo que los miembros tengan que combinar sus recursos a efectos de lograr sus objetivos. La interdependencia respecto de los recursos ha sido comentada en el capítulo 2.

Interdependencia respecto de los premios/festejos

El esfuerzo de los alumnos por aprender y promover el aprendizaje de sus compañeros debe ser observado, reconocido y festejado. Para implementar la interdependencia respecto de los premios y festejos, el docente puede hacer que los miembros del grupo festejen juntos el buen resultado obtenido, o darle a cada miembro un premio tangible por haber trabajado en equipo para completar la tarea. La práctica de festejar el esfuerzo y el éxito de los grupos acrecienta la calidad de la cooperación pues inculca en los alumnos las ideas de que (a) juntos han logrado algo superior a lo que cualquiera de los miembros podría haber hecho solo, (b) el esfuerzo de cada miembro ha contribuido al bien común, (c) el esfuerzo de cada miembro es valorado y (d) cada miembro es respetado como individuo. El reconocimiento del esfuerzo ajeno y el respeto mutuo promueven el firme compromiso de los alumnos con el rendimiento del grupo.

Hay dos tipos de premios tangibles que puede emplear el docente para implementar la interdependencia positiva: premios escolares, por ejemplo, puntos adicionales ("Si todos los miembros del grupo obtienen más del 90 por ciento en la prueba, cada uno recibirá cinco puntos adicionales") y premios no escolares, como tiempo libre, recreos, calcomanías o golosinas ("Si todos los miembros del grupo obtienen más del 90 por ciento en la prueba, cada uno tendrá quince minutos extra de recreo".)

En algunas ocasiones, un alumno se resiste a hacerse responsable del aprendizaje de sus compañeros de grupo y no parece importarle que los demás aprendan o no. En este caso, el docente podría ofrecer un premio grupal particularmente atractivo para el alumno indiferente (y para el resto del grupo). En un colegio secundario de Los Angeles, trabajamos con una docente a la que le estaba costando motivar a sus alumnos mediante los premios habituales (puntos adicionales, tiempo libre, no encomendarles tareas domiciliarias, darles más tiempo para usar la computadora, etcétera). Por último, decidió ofrecerles como premio "un rato para que escuchen la música que quieran en clase, los viernes". Utilizó el equipo sonoro del laboratorio de lenguas extranjeras, con varios juegos de auriculares, para premiar a los grupos que hubieran hecho un buen trabajo, mientras los otros grupos continuaban con sus tareas. Esto dio muy buen resulta-do. La docente comprobó que es importante otorgar premios que agraden a los alumnos, en especial a los poco motivados. También es importante saber que los premios extrínsecos deben convertirse en símbolos de festejo y volverse gradualmente innecesarios a medida que la motivación intrínseca tome su lugar.

Interdependencia de los roles

La interdependencia de los roles se implementa asignando a los miembros del grupo roles complementarios e interconectados (como los de lector, encargado de llevar registros, encargado de verificar la comprensión, promotor de la participación y analista de los conoci-mientos). Los roles especifican la responsabilidad de cada uno en las actividades que debe llevar adelante el grupo para realizar una tarea conjunta. El empleo de los roles ha sido comentado en el capítulo 5.

Interdependencia respecto de la identidad

La interdependencia respecto de la identidad se establece cuan-do cada grupo elige un nombre o un símbolo para el grupo, como un banderín, un cartel, un lema o una canción. La identidad com-partida tiene el efecto de unir a los miembros del grupo.

Interdependencia ambiental

La interdependencia ambiental implica vincular a los miembros, de alguna manera, a través del ambiente físico. Esto suele lograrse asignando a los grupos un lugar determinado en el cual reunirse.

Interdependencia imaginaria

Para implementar la interdependencia imaginaria, el docente les propone a los alumnos situaciones hipotéticas en las que hay un problema que ellos deben resolver (por ejemplo, qué hacer en caso de sufrir un naufragio en un viaje espacial a la luna).

Interdependencia frente al rival de afuera

El profesor podrá implantar la interdependencia frente al rival de afuera creando competencias entre grupos, en las que cada grupo tratará de superar el rendimiento de los otros. Un método para llevarlo a cabo es el de los Equipos-Juegos-Torneos (comentado en el capítulo 2).

La implementación de la interdependencia positiva es el aspecto más importante del empleo de grupos de aprendizaje cooperativos en las clases. No puede exagerarse la importancia de crear una fuerte interdependencia positiva entre los miembros de cada grupo. Esta interdependencia es la que mantiene unido al grupo y la que hace que cada miembro se comprometa a procurar el bienestar y el éxito de los demás. Sin ella, la cooperación no existe.

La interdependencia entre los grupos

La interdependencia entre los grupos extiende a toda la clase los resultados positivos del aprendizaje cooperativo, al fijar objetivos para el conjunto de la clase, además de los objetivos individuales y grupales. Un modo de implementar esta interdependencia es otorgar puntos adicionales a cada miembro de la clase si todos satisfacen determinado criterio de excelencia. Cuando un grupo termina la tarea asignada, sus miembros deben buscar otros grupos que también la hayan terminado, para comparar y explicar sus respuestas y estrategias, o bien otros grupos que no la hayan terminado, para ayudarlos a hacerlo.

La responsabilidad individual

En los grupos de aprendizaje cooperativo, los miembros comparten la responsabilidad por el resultado global obtenido. Cada miembro se hace personalmente responsable de contribuir a lograr los objetivos del grupo y de ayudar a los demás miembros a que también lo hagan. Cuanto mayor es la interdependencia positiva dentro de un grupo de aprendizaje cooperativo, más responsables se sentirán los alumnos. La responsabilidad compartida agrega el concepto de "hay que" a la motivación de los miembros: hay que hacer las cosas y cumplir con lo que a uno le corresponde. También hace que cada miembro del grupo asuma una responsabilidad personal frente a los demás integrantes del grupo. Los alumnos se dan cuenta de que si no hacen lo que les toca, perjudican a sus compañeros de grupo, además de perjudicarse a sí mismos.

La responsabilidad individual es la clave para garantizar que todos los miembros del grupo se fortalezcan al aprender cooperativamente. El propósito de los grupos cooperativos, después de todo, es hacer de cada alumno un individuo más fuerte. Durante el aprendizaje cooperativo, los alumnos aprenden conocimientos, destrezas, estrategias o procedimientos dentro de un grupo, y luego los aplican por sí solos para demostrar su dominio personal del material aprendido. Los alumnos aprenden juntos cómo desempeñarse aun mejor individualmente.

La responsabilidad individual se pone de manifiesto cuando el docente evalúa el desempeño de cada miembro del grupo y le comunica los resultados a él mismo y al grupo para que los comparen con el estándar de rendimiento preestablecido. Esto les permite a los miembros del grupo reconocer y festejar el empeño en aprender y las contribuciones de cada uno al aprendizaje de los demás, así como enmendar, ayudar o alentar al que lo necesite, o redistribuir las responsabilidades para evitar superposiciones en el trabajo de los miembros. La responsabilidad individual ayuda a asegurarse de que los miembros del grupo contribuyan en justa medida al éxito del grupo.

Es más fácil establecer la responsabilidad individual en los grupos pequeños, pero puede incorporársela a cualquier actividad grupal. Los modos más comunes de hacerlo son:

1. Tomar una prueba individual a cada alumno. Esto incluye administrar pruebas prácticas para ver quién está listo para dar un examen.
2. Tomar exámenes orales individuales al azar. Hacer que algunos alumnos, elegidos al azar, expliquen las respuestas o pre-

senten el trabajo de un grupo al docente (en presencia del grupo) o a toda la clase.

3. Observar a cada grupo y registrar la frecuencia con que cada miembro contribuye al trabajo grupal.

4. Asignarle a un alumno de cada grupo el rol de encargado de verificar la comprensión.

5. Hacer que los alumnos le enseñen lo que aprenden a otra persona. Esto se llama explicación simultánea.

6. Hacer que los miembros de grupo se corrijan sus respectivos trabajos.

7. Hacer que los alumnos empleen lo que aprenden para resolver un problema.

Capítulo 8

LAS CONDUCTAS DESEABLES

*Pagaré más por la habilidad de tratar con la gente
que por cualquier otra habilidad que exista en la Tierra.*

JOHN D. ROCKEFELLER

No nacemos sabiendo cómo interactuar correctamente con los demás. La capacidad de establecer buenas relaciones interpersonales y grupales no aparece como por arte de magia cuando la necesitamos. El docente debe enseñarles a los alumnos las destrezas o prácticas sociales requeridas para colaborar unos con otros y motivarlos para que las empleen a efectos de trabajar productivamente en grupo. Como hemos dicho, el aprendizaje cooperativo es más complejo que el competitivo o el individualista, porque los alumnos deben encarar simultáneamente la ejecución de tareas y el trabajo en equipo. Ambas actividades son necesarias para trabajar cooperativamente.

El docente debe tomar dos decisiones importantes antes de enseñarles a los alumnos las destrezas que necesitan para trabajar juntos en forma cooperativa:

1. Qué prácticas interpersonales y grupales va a enseñarles.
2. Cómo se las va a enseñar.

LA SELECCIÓN DE LAS PRÁCTICAS GRUPALES A ENSEÑAR

Hay muchas prácticas interpersonales y grupales que influyen en el resultado del trabajo cooperativo. Para coordinar esfuerzos de modo de alcanzar objetivos comunes, los alumnos deben: (a) llegar a conocerse y confiar unos en otros, (b) comunicarse con precisión y claridad, (c) aceptarse y apoyarse unos a otros, y (d) resolver los conflictos en forma constructiva (D. W. Johnson, 1991, 1993; D. W. Johnson y F. Johnson, 1994). La selección de las destrezas a enseñar depende de cuáles ya tengan o aún no tengan los alumnos. Los cuatro niveles de práctica cooperativa coinciden con las cuatro divisiones de los roles que asumen los alumnos durante las clases cooperativas:

1. Prácticas de formación: son las que deben emplear los alumnos para establecer un grupo de aprendizaje cooperativo, como permanecer con el grupo y no deambular por el aula, hablar en un tono de voz bajo, turnarse y llamarse unos a otros por el nombre.
2. Prácticas de funcionamiento: son las necesarias para manejar las actividades del grupo y mantener relaciones de trabajo eficaces entre los miembros, como expresar las ideas y opiniones de uno, orientar el trabajo del grupo y alentar a todos a que participen.
3. Prácticas de formulación: son las que deben aplicar los alumnos para comprender mejor los materiales que estudian, para emplear estrategias superiores de razonamiento y para maximizar su conocimiento y retención del material asignado, por ejemplo, explicar paso a paso el razonamiento de uno y relacionar lo que se está estudiando con los conocimientos previos.
4. Prácticas de incentivación: son las que requieren los alumnos para incentivar la reconceptualización del material que están estudiando, el conflicto cognitivo, la búsqueda de más información y la explicación de los fundamentos en que se basan las conclusiones a las que uno ha llegado. Por ejemplo: criticar las ideas (no a las personas) y no cambiar de opinión a menos que uno sea lógicamente persuadido a hacerlo (la regla de acatar la opinión de la mayoría no promueve el aprendizaje).

La enseñanza de las prácticas grupales

Para trabajar en equipo, los alumnos necesitan tener la oportunidad de trabajar juntos en forma cooperativa (para así aplicar las prácticas del trabajo en equipo), la motivación para emplear las destrezas propias del trabajo en equipo (una razón para creer que dicha actividad les será beneficiosa) y cierta experiencia en el empleo de esas destrezas. La forma en que el docente organice sus clases les brindará a los alumnos la oportunidad de aprender en grupos cooperativos, pero también es necesario darles el motivo y los medios para hacerlo.

Figura 8.1. La enseñanza de las prácticas del trabajo en equipo

Pasos para enseñar una práctica o destreza	Acciones del docente
Paso 1: Establecer la necesidad de que los alumnos adquieran la destreza.	1. Los alumnos eligen las destrezas necesarias.
	2. El docente elige y fundamenta.
	3. Teatralizar la ausencia de una destreza.
Paso 2: Definir la destreza.	1. Emplear un gráfico T.
	2. Demostrar, ejemplificar y explicar.
Paso 3: Ejercitación guiada en la aplicación de la destreza.	1. Asignar la práctica como rol.
	2. Registrar la frecuencia y calidad del empleo de la destreza.
	3. Inducir periódicamente el empleo de la destreza.
Paso 4: Retroalimentación guiada y reflexión.	1. Organizar sesiones de retroalimentación.
	2. Promover la reflexión (procesamiento).
Paso 5: Repetir pasos 3 y 4 con frecuencia.	Destacar la mejoría que se va produciendo a medida que se desarrolla la destreza.

El primer paso es asegurarse de que los alumnos vean la necesidad de adquirir las destrezas necesarias para trabajar en equipo. El docente puede realizar diferentes acciones:

1. Pedir a los alumnos que propongan cuáles destrezas necesitan para trabajar juntos con eficacia y que elijan una o más de ellas para ponerlas en práctica durante la clase.
2. Decidir qué destrezas cooperativas se practicarán en la clase y avisar a los alumnos que deben conocerlas. Esto se puede hacer exponiendo posturas, explicando la importancia de las destrezas y felicitando a los alumnos que las ponen en práctica.
3. Hacer una teatralización para mostrar un caso en el que la destreza en cuestión está evidentemente ausente.

El segundo paso es asegurarse de que los alumnos entiendan en qué consiste la destreza, cómo ponerla en práctica y cuándo hacerlo. Para ello, el docente puede hacer varias cosas.

1. Definir operativamente la destreza según las conductas verbales y no verbales que entraña, de modo que los alumnos sepan exactamente qué hacer. No basta con decirles a los alumnos qué prácticas quiere el docente que empleen durante la clase ("Por favor, aliéntese unos a otros a participar y verifiquen que todos hayan comprendido qué se está aprendiendo"). Hay que explicarles qué es lo que deben hacer. Un modo de hacerlo es a través de un gráfico en T.

Figura 8.2. Fomentar la participación

Cómo se ve	*Qué significa*
Sonrisas.	¿Cuál es tu idea?
Contacto visual.	¡Fantástico!
Pulgar hacia arriba.	¡Buena idea!
Palmadita en la espalda.	Eso es interesante.

El docente mencionará una práctica (por ejemplo, fomentar la participación) y le preguntará a la clase cómo se vería ésta (conductas no verbales). Después de que los alumnos hayan aportado varias ideas, se les preguntará qué significan esas conductas (frases). Deberán mencionar varias ideas. El docente las escribirá en el gráfico en T, al que pondrá a la vista de los alumnos para que puedan consultarlo.

2. Demostrar y ejemplificar la práctica frente a la clase y explicarla paso a paso hasta que los alumnos tengan una idea clara de cómo se ve y cómo suena.
3. Teatralizar la práctica haciendo que cada alumno la practique dos veces en su grupo antes de comenzar la clase.

El tercer paso consiste en plantear situaciones de ejercitación y promover la adquisición de la destreza. Para adquirirla, los alumnos deberán practicar una y otra vez. El docente guiará esa ejercitación a través de diversas actividades:

1. Asignar la destreza social como un rol concreto para que algunos miembros lo desempeñen o como una responsabilidad general para todos los miembros.
2. Observar a cada grupo (y designar observadores entre los alumnos) y registrar qué miembros del grupo están poniendo de manifiesto la destreza, con qué frecuencia y con cuánta eficacia. (La manera de efectuar observaciones se comentará en el capítulo 10).
3. Inducir periódicamente el empleo de la práctica durante la clase, indicando a un miembro del grupo que haga una demostración al respecto.

El cuarto paso es asegurarse de que todos los alumnos reciban retroalimentación sobre la aplicación de la destreza y reflexionen acerca de cómo ponerla en práctica con mayor eficacia en el futuro. Ejercitar las destrezas correspondientes al trabajo en equipo no es suficiente. Los alumnos deben recibir retroalimentación en cuanto a la frecuencia y la eficacia con que las están empleando. Sobre la base de esa realimentación y de su propia evaluación, los estudiantes podrán decidir cómo emplear la destreza de un modo más eficaz. (La evaluación de la eficacia del grupo se comentará en el capítulo 13).

El quinto paso consiste en asegurarse de que los alumnos perseveren en la práctica de la destreza hasta que la apliquen con naturalidad.

Para la mayoría de las destrezas, hay un período de aprendizaje lento, seguido de un período de rápida mejoría, luego un período en que el desempeño se mantiene casi igual, después otro período de rápida mejoría, luego otro período estable, y así sucesivamente. Los alumnos deben ejercitar las destrezas durante bastante tiempo como para superar los dos primeros períodos de estabilidad e integrarlas a su repertorio conductal. Las etapas habituales en el desarrollo de una destreza son cuatro:

1. Empleo consciente, aunque torpe de la destreza.
2. Sensación de falsedad al poner en práctica la destreza. Después de un tiempo, la torpeza desaparece, pero muchos alumnos experimentan una sensación de falsedad al emplearla, por lo que necesitan el aliento del docente y de sus pares para superar esta etapa.
3. Empleo correcto pero mecánico de la destreza.
4. Empleo automático y rutinario. Los alumnos han incorporado plenamente la destreza a sus repertorios conductales y la sienten como una actitud natural.

Los alumnos deberán ir mejorando continuamente las destrezas del trabajo en equipo mediante su corrección, modificación y adaptación. El docente deberá cumplir las siguientes cuatro reglas al enseñarles estas destrezas a sus alumnos:

1. Ser concreto.
2. Definir operativamente cada destreza mediante un gráfico en T.
3. Empezar de a poco. No sobrecargar a los alumnos con más destrezas de las que pueden aprender en un momento dado. Basta con hacer hincapié en una o dos conductas durante unas cuantas clases. Los alumnos necesitan saber qué conducta es apropiada y deseable dentro de un grupo cooperativo, pero no deben ser sometidos a un exceso de información.
4. Insistir en la práctica reiterada. No basta con hacer que los alumnos ejerciten una o dos veces las destrezas. Hay que insistir en el empleo de cada destreza hasta que los alumnos la integren a su repertorio conductal y la empleen en forma automática y habitual.

LA CLASE COOPERATIVA

Capítulo 9

LA PUESTA EN PRÁCTICA DE LA CLASE COOPERATIVA

Para llevar a cabo una tarea, los alumnos generalmente deben tomar notas precisas y detalladas, resumir periódicamente lo que están aprendiendo en el curso de la clase, leer el material asignado y escribir redacciones. Con el fin de que realicen todas estas actividades en forma cooperativa, el docente puede emplear el método del rompecabezas, comentado en el capítulo 2, así como también los siguientes métodos:

1. Tomar notas en pares.
2. Hacer resúmenes junto con el compañero.
3. Leer y explicar en pares.
4. Redactar y corregir en pares.
5. Ejercitar/repasar la lección en pares.
6. Resolver problemas matemáticos en pares.
7. Debates escolares.

TOMAR NOTAS EN PARES

Los apuntes que toman los alumnos durante una clase son muy importantes. Sin embargo, muchos alumnos sacan apuntes incompletos porque tienen dificultades para retener los datos y para procesar la información y porque desconocen las técnicas apropiadas para tomar notas. Para los estudiantes, es muy conveniente aprender a tomar apuntes y repasarlos de un modo más provechoso. El docente puede ayudarlos a lograrlo haciendo que tomen notas de a pares. Aproximadamente cada 10 minutos, durante una clase, el docente se detendrá y hará que los pares de alumnos comparen las notas que han tomado. Les indicará a los miembros de cada par que deben tomar algo de las notas de su compañero para mejorar las propias. La tarea consiste en aumentar la cantidad y la calidad de los apuntes tomados tomados durante una clase. El objetivo cooperativo es que ambos alumnos produzcan un cuerpo completo de notas precisas, que les permitirán aprender y repasar el material tratado en la clase.

HACER RESÚMENES JUNTO CON EL COMPAÑERO

Una práctica común en la mayoría de las aulas es conducir una discusión en la que participa toda la clase. Muchas veces, durante este tipo de discusiones, el docente le pide a un alumno que responda una pregunta o haga un resumen de la clase. El estudiante que responde tiene la oportunidad de aclarar y ampliar sus conocimientos a través de su participación activa en el proceso de aprendizaje, pero el resto de la clase permanece pasivo. Para que todos los alumnos aprendan activamente, el docente hará que todos contesten preguntas sobre la lección al mismo tiempo, empleando los procedimientos de formular, comentar, escuchar y crear.

En este procedimiento, los alumnos formulan una respuesta a una pregunta que les exige resumir lo que se ha tratado en la clase. Cada alumno se vuelve entonces hacia un compañero que esté cerca de él para intercambiar respuestas y razonamientos. Cada uno escucha atentamente la explicación del otro y luego el par elabora una nueva respuesta, superior a las formuladas inicialmente, a través de los procesos de asociar, desarrollar y sintetizar las ideas de cada uno. La tarea de los estudiantes es explicarle sus respuestas y razonamientos a un compañero, y ejercitar la destreza de explicar. La meta cooperativa es elaborar una respuesta conjunta que ambos miembros aprueben y puedan explicar. El rol de docente es supervisar a los pares y ayudar a los alumnos a seguir el procedimiento. Para verificar la responsabilidad individual, el docente puede pedirles a varios alumnos, elegidos al azar, que expliquen la respuesta conjunta que elaboraron con sus compañeros.

Leer y explicar en pares

Por lo general, resulta más eficaz hacer que los alumnos lean el material asignado en pares cooperativos que en forma individual. (Esto es especialmente conveniente cuando no hay materiales suficientes para cada alumno.) El criterio empleado para evaluar la tarea es que ambos miembros deben ser capaces de explicar correctamente el significado del material en cuestión. La tarea de los pares es dilucidar el significado de cada párrafo y de la totalidad del material asignado. La meta cooperativa es que ambos miembros concuerden acerca del significado de cada párrafo, formulen un resumen conjunto y sean capaces de explicar su respuesta. El procedimiento es el siguiente:

1. El docente forma pares compuestos de un alumno que lee bien y otro que tiene dificultades con la lectura, y les indica qué páginas o párrafos deben leer.
2. Los alumnos leen todos los subtítulos del texto para tener una idea general de éste.
3. Los alumnos leen en silencio el primer párrafo y se turnan para desempeñarse como encargado de resumir o bien como supervisor de dicha síntesis. Cambian de rol después de cada párrafo.
4. El encargado de resumir hace una síntesis, con sus propias palabras, del contenido del párrafo.
5. El supervisor escucha atentamente, corrige cualquier error, repara cualquier omisión y explica cómo se relaciona el material con algo que ambos ya saben.
6. Los alumnos pasan luego al siguiente párrafo y repiten el procedimiento. Continúan haciéndolo hasta terminar de leer el material asignado. En ese momento, llegan a un acuerdo acerca del significado global del texto.

Durante la clase, el docente supervisará sistemáticamente a cada par y ayudará a los alumnos a seguir el procedimiento. Para verificar la responsabilidad individual, les pedirá a algunos alumnos, elegidos al azar, que resuman lo que han leído hasta ese momento. Hay que recordarles a los alumnos que los grupos deben cooperar unos con otros: cuando sea necesario, cotejarán sus procedimientos, respuestas y estrategias con otro grupo o, si terminan antes, compararán y comentarán sus respuestas con las de otro par.

REDACTAR Y CORREGIR COOPERATIVAMENTE EN PARES

Cuando la clase requiere que los alumnos escriban un ensayo, un informe, una poesía, un cuento, o que comenten algo que hayan leído, el docente empleará pares cooperativos de redacción y corrección. Los pares verificarán que las redacciones de ambos miembros sean correctas de acuerdo con los criterios planteados, y cada miembro recibirá una calificación individual según la calidad de las composiciones. También puede asignarse una calificación grupal sobre la base de la cantidad total de errores cometidos por el par en sus redacciones individuales.

El procedimiento es el siguiente:

1. El docente forma pares en los que debe haber al menos un alumno que lea bien.
2. El alumno A le explica lo que piensa escribir al alumno B, quien lo escucha atentamente, le formula una serie de preguntas y luego hace un esquema de las ideas de A. El alumno B le entrega a A el esquema escrito.
3. El procedimiento se invierte, y B le explica lo que va a escribir a A, quien lo escucha y hace un esquema de las ideas de B. El estudiante A le da a B el esquema escrito.
4. Los alumnos consultan individualmente el material que necesitan para sus redacciones, atentos a la posibilidad de encontrar algo que pudiera servirle a su compañero.
5. Los alumnos trabajan juntos en la redacción del primer párrafo de cada composición, para asegurarse de que ambos tengan en claro cómo iniciarlas.
6. Los alumnos redactan sus composiciones individualmente.
7. Cuando terminan sus composiciones, cada miembro del par

lee la del otro y controla los errores de puntuación, ortografía, empleo de mayúsculas, expresiones lingüísticas y otros aspectos de la redacción que haya especificado el docente. Los alumnos también se hacen sugerencias unos a otros, sobre cómo corregir sus composiciones.

8. Los alumnos corrigen sus composiciones.
9. Cada alumno vuelve a leer la composición del otro y ambos ponen su firma en las dos redacciones para dejar constancia de que no tienen errores.

El rol del docente es supervisar a los pares e intervenir cuando sea necesario a fin de ayudar a los alumnos a mejorar su competencia para redactar y también para trabajar cooperativamente. Toda vez que resulte conveniente, los alumnos podrán comparar sus procedimientos con los de otro grupo. Cuando hayan terminado sus redacciones, analizarán el grado de eficacia con que han trabajado juntos (enumerando las medidas concretas que tomaron para ayudarse uno a otro), planificarán qué conductas habrán de poner de manifiesto la próxima vez que deban redactar en pares y agradecerán uno al otro la ayuda prestada.

EJERCITAR O REPASAR LA LECCIÓN EN PARES

En ciertos momentos, durante una lección, el docente querrá que los alumnos repasen lo que han aprendido y ejerciten determinados procedimientos para asegurarse de que los conocen a la perfección. En estas ocasiones, el aprendizaje cooperativo es indispensable.

Para implementar esta actividad, el docente formará pares y, con esos pares, grupos de cuatro alumnos. Les indicará que hagan lo siguiente:

1. El alumno A lee el primer problema asignado y explica, paso a paso, los procedimientos y estrategias necesarios para resolverlo. El alumno B verifica que la solución sea correcta y promueve y orienta la actividad del par.
2. Los alumnos A y B intercambian sus roles para abordar el segundo problema.

3. Cuando el par resuelve dos problemas, los miembros verifican sus respuestas con el otro par que compone su grupo de cuatro. Si hay discrepancias, deben analizar sus razonamientos y llegar a un consenso. Si están de acuerdo, se agradecen mutuamente y continúan trabajando en pares.
4. El procedimiento prosigue hasta que los alumnos resuelven todos los problemas asignados.

Para verificar la responsabilidad individual, el docente puede pedirles a algunos estudiantes, elegidos al azar, que expliquen cómo resolver uno de los problemas propuestos.

RESOLVER PROBLEMAS MATEMÁTICOS EN PARES

La práctica de resolver problemas matemáticos en equipo les permite a los alumnos ejercitar las destrezas necesarias para resolver problemas en la "vida real". Fuera del colegio, la mayor parte de las actividades dirigidas a resolver problemas matemáticos se realizan en equipos cuyos integrantes interactúan para clarificar y definir un problema (identificar lo conocido y lo desconocido), para describir e ilustrar el problema (hacer ecuaciones matemáticas y dibujar diagramas o gráficos), para analizar y proponer métodos de resolución de problemas, para hacer operaciones y para verificar la lógica aplicada y los cálculos. El empleo de procedimientos similares en los grupos de aprendizaje cooperativo promueve la resolución productiva de problemas, pues les permite a los alumnos poner continuamente a prueba sus ideas, así como obtener y brindar retroalimentación.

En primer lugar, el docente formará grupos cooperativos de aprendizaje (inicialmente pares y, con el tiempo, grupos de tres o cuatro, a medida que los alumnos se van volviendo más diestros para trabajar en equipo) que sean heterogéneos en cuanto a los conocimientos matemáticos de sus miembros y en los que al menos uno de los alumnos sepa leer bien. Los miembros del grupo deben entender que su objetivo común es resolver un problema, ponerse de acuerdo en la respuesta y ser capaces de explicar cada paso que dieron para resolverlo.

En segundo lugar, los miembros del grupo deben leer el problema, determinar qué saben y qué ignoran al respecto y luego hacer una descripción matemática del problema empleando ecuaciones, diagramas o gráficos. Tras analizar y acordar los métodos para resolver el problema, los miembros del grupo harán los cálculos, explicando los fundamentos de cada paso y verificando los resultados de los cómputos. El docente puede asignar roles y rotarlos después de cada paso, para facilitar el proceso. El estudiante A, por ejemplo, explicará cómo efectuar el primer cálculo, mientras que el B registra el cálculo y explica su fundamento. Luego, el alumno B explica cómo efectuar el segundo cálculo, mientras que A lo registra y explica. Los alumnos repiten el procedimiento hasta resolver el problema. Ambos alumnos ponen su firma a la respuesta, indicando así que concuerdan con la solución y pueden explicar cómo llegaron a ella.

Por último, los grupos analizarán la eficacia con que trabajaron juntos (enumerando las acciones concretas que condujeron al resultado obtenido), planificarán sus futuras conductas para mejorar el proceso de resolver problemas, se agradecerán unos a otros por la ayuda prestada y festejarán su buen rendimiento.

Debates escolares

El conflicto (o debate) intelectual es uno de los instrumentos de enseñanza más poderosos e importantes. Los debates escolares son una forma avanzada de aprendizaje cooperativo. La fórmula básica para organizar un debate escolar es la siguiente.

1. Elegir un tema cuyo contenido puedan manejar los alumnos y sobre el cual puedan elaborarse al menos dos posiciones fundadas (pro y contra).
2. Preparar los materiales didácticos de modo que los miembros del grupo sepan qué posición les ha sido asignada y dónde pueden encontrar información para fundamentarla.
3. Formar grupos de cuatro miembros y dividirlos en dos pares, uno a favor y otro en contra. Hay que poner de relieve el

objetivo cooperativo de llegar a un consenso sobre el tema y redactar un informe grupal sobre el que todos los miembros serán evaluados.

4. Asignar a cada par la tarea cooperativa de aprender su posición, así como los argumentos e información que la fundamenten.

5. Hacer que cada par presente su posición al otro. El grupo discutirá el tema, evaluando críticamente la posición opuesta y sus fundamentos, y cotejando los puntos fuertes y débiles de ambas posiciones.

6. Indicar a los pares que inviertan sus perspectivas y posiciones, y que hagan una exposición franca y convincente de la posición opuesta.

7. Por último, hacer que los miembros del grupo depongan su posición, lleguen a un consenso y redacten un informe del grupo que incluya su posición conjunta y sus fundamentos.

Para verificar la responsabilidad individual de los alumnos, el docente puede poner una prueba escrita sobre el contenido de ambas posiciones y otorgar puntos extra a los grupos en los que todos los miembros superen el criterio preestablecido. (Una descripción más detallada de cómo realizar debates escolares se encuentra en D. W. Johnson y R. Jonhson, 1992).

INVESTIGACIÓN EN GRUPO

Cuando se aplica el método de la investigación en grupo, formulado por Sharan y Sharan (1976), los alumnos forman grupos cooperativos sobre la base de su común interés en un tema determinado. Todos los miembros del grupo ayudan a planear cómo investigar el tema y se dividen el trabajo. Cada miembro realiza individualmente la parte que le toca de la investigación y luego el grupo resume y compendia su trabajo, para presentarlo a toda la clase.

Co-op Co-op

El método denominado Co-op Co-op, propuesto por Spencer Kagan (1988), consiste en distribuir a los alumnos en grupos de aprendizaje cooperativo heterogéneos y asignarle a cada grupo una parte de una unidad didáctica. A cada miembro del grupo se le asigna luego un subtema. Los alumnos realizan una investigación individual de los subtemas y presentan sus conclusiones al grupo. Cada grupo integra entonces los subtemas de sus miembros para hacer una presentación global del tema frente a toda la clase.

Capítulo 10

LA SUPERVISIÓN DE LA CONDUCTA DE LOS ALUMNOS

Recorrido de cinco minutos

1. Seleccionar la(s) práctica(s) social(es) a observar.
2. Elaborar una ficha de observación.
3. Planear el recorrido por el aula.
4. Recolectar datos sobre cada grupo.
5. Proporcionar los datos a los grupos o a la clase en su conjunto.
6. Hacer un diagrama/gráfico de los resultados.

La tarea más ardua del docente comienza cuando los grupos de aprendizaje cooperativo se ponen en funcionamiento. Mientras los alumnos trabajan juntos, el docente debe circular entre los grupos para supervisar sistemáticamente la interacción entre los miembros y así evaluar el progreso escolar de los alumnos y su empleo de las destrezas interpersonales y grupales. El docente debe escuchar lo que se habla en cada grupo y recoger datos sobre la interacción entre los miembros. También puede pedirles a algunos estudiantes que trabajen con él como observadores. Sobre la base de estas observaciones, el docente podrá intervenir para mejorar el aprendizaje de los alumnos en cuanto a la materia estudiada y al trabajo de equipo.

La supervisión tiene cuatro etapas:

1. Prepararse para observar a los grupos de aprendizaje: decidir si algún alumno, y en ese caso, cuál de ellos, ayudará a observar y elegir qué formas de observación se van a emplear.
2. Observar para evaluar el grado de cooperación que se da en los grupos de aprendizaje.
3. Intervenir cuando sea necesario para mejorar la ejecución de la tarea o el trabajo en equipo de un grupo.
4. Hacer que los alumnos evalúen la calidad de su propia participación en los grupos de aprendizaje para fomentar la autosupervisión.

PREPARARSE PARA OBSERVAR

El docente debe decidir si les pedirá a algunos alumnos que lo ayuden a observar y elegirá las formas y los procedimientos de observación que va a emplear.

Los alumnos observadores y los planes de muestreo

A medida que los alumnos adquieren experiencia en el trabajo en grupos de aprendizaje cooperativo, hay que capacitarlos para que sean observadores. La observación está dirigida a registrar y describir la conducta de los miembros de un grupo para recoger datos objetivos sobre la interacción entre ellos. La finalidad es darles a los alumnos retroalimentación sobre su participación en el grupo y ayudarlos a analizar la eficacia del trabajo de ese grupo. Los estudiantes pueden actuar como observadores, circulando por el aula para supervisar a todos los grupos, o pueden observar a su propio grupo (habrá un observador por grupo). Los que observen a su propio grupo deberán ubicarse lo bastante cerca como para ver y oír las interacciones entre los miembros, pero no participarán en la tarea que se realiza. Los alumnos observadores no deben hacer comentarios ni intervenir hasta el momento preestablecido, al final de la hora de clase, para que los grupos de aprendizaje revisen su trabajo. El rol de observador debe ser rotativo con el fin de que todos los alumnos hagan observaciones durante la misma cantidad de tiempo.

El docente y los alumnos observadores ambulatorios necesitan contar con un plan de muestreo para asegurarse de que todos los grupos sean observados durante aproximadamente el mismo tiempo. Basta con decidir, antes de que comience la lección, cuánto tiempo se destinará a observar cada grupo de aprendizaje. Esto es un plan de muestreo. El docente puede observar a un solo grupo durante toda la hora de clase y recoger información sobre cada miembro, o bien observar a cada grupo durante la misma fracción de la hora de clase. También podría optar por observar a cada grupo durante dos minutos por vez y pasar de uno a otro grupo varias veces durante la clase. Si el docente considera que debe intervenir en algún grupo, tendrá que interrumpir el plan de muestreo.

Desempeño escolar

Trabajo en equipo

Los objetivos conceptuales y los actitudinales requieren la evaluación del desempeño escolar y el trabajo en equipo de los alumnos.

Los procedimientos de observación

Los procedimientos de observación pueden ser estructurados (utilizando un programa de observación en el que se anotarán las frecuencias) o no estructurados (haciendo descripciones informales de lo que dicen y hacen los estudiantes). En ambos casos, es importante no confundir la observación con la inferencia y la interpretación. La observación es descriptiva; las inferencias son interpretativas. La observación implica registrar qué hacen los alumnos mientras trabajan juntos para realizar una tarea. Las inferencias e interpretaciones acerca de la eficacia con que los alumnos están cooperando se hacen sobre la base de los datos recogidos mediante la observación.

Para hacer observaciones estructuradas, el docente debe:

1. Decidir qué prácticas de trabajo en equipo y de ejecución de tareas va a observar.
2. Elaborar un formulario de observación para registrar las frecuencias de las acciones a observar. (Si los alumnos van a actuar como observadores, el formulario debe adecuarse a su edad.)
3. Observar a cada grupo y registrar con qué frecuencia cada alumno manifiesta las conductas preestablecidas.
4. Resumir las observaciones de un modo claro y útil, y presentárselas a los grupos.
5. Ayudar a los miembros de los grupos a analizar los datos resultantes de la observación y a inferir con qué eficacia está funcionando el grupo y en qué grado cada miembro del grupo está empleando las prácticas en cuestión.

Los formularios de observación

Observación estructurada. Hay varios tipos de formularios de observación que pueden emplearse. Son instrumentos útiles para recoger y transmitir datos concretos sobre la manera en que los miembros del grupo trabajan juntos mientras realizan una tarea asignada.

En la figura 10.1 se muestra un formulario simple de observación que puede usar el docente.

Figura 10.1. Formulario de observación estructurada

Observador: _____ Fecha: _____			
Actos	Inés	Carlos	Daniel	*Total*
Aporta ideas				
Estimula la participación				
Verifica la comprensión				
Orienta al grupo				
Otros				
Total				

1. Utilizar un formulario para cada grupo, escribir el nombre de cada miembro arriba de cada columna (reservando la primera columna para anotar las prácticas que se evalúan y la última para los totales de cada línea).
2. Anotar cada práctica en una línea independiente, en la primera columna.
3. Tildar en la línea y la columna correspondientes cuando un alumno emplea una de las prácticas evaluadas. No hay que preocuparse por registrar todo lo que ocurra, sino por observar con la mayor precisión y rapidez posibles.
4. Tomar apuntes, al dorso de la hoja del formulario, acerca de ciertas conductas que tienen lugar pero no corresponden a las prácticas que están siendo observadas.
5. Anotar los aportes positivos concretos de cada miembro del grupo para que todos puedan recibir una retroalimentación positiva.

6. Buscar patrones de conducta en el grupo.
7. Al terminar la sesión de trabajo, calcular las cifras totales de las columnas y líneas.
8. Mostrar el formulario de observación al grupo. Preguntar a los miembros qué conclusiones extraen con respecto a:
   a. su propia participación en el grupo,
   b. el funcionamiento general del grupo.
9. Después del análisis de las conclusiones, ayudar al grupo a fijar un objetivo de crecimiento. Preguntar: "¿Qué podrían agregar para funcionar aun mejor mañana de lo que lo hicieron hoy?" Esto sirve para destacar la importancia de que la eficacia del grupo vaya mejorando en forma sostenida.
10. Trasladar las cifras totales a una hoja de registro a largo plazo y a los cuadros o gráficos que corresponda.

En D. W. Johnson y R. Johnson (1993) puede encontrarse una variedad de instrumentos y procedimientos de observación.

Observación no estructurada. Las observaciones no estructuradas (o anecdóticas) se efectúan escuchando "inadvertidamente" a cada grupo. Se hacen observaciones específicas que (a) son lo bastante breves como para tomar notas rápidamente, (b) captan un aspecto importante de la conducta de uno o más alumnos y (c) ayudan a responder preguntas acerca de la eficacia con que se ha implementado el aprendizaje cooperativo. El docente debe anotar los incidentes positivos en fichas y adjuntarlas al legajo personal del estudiante después de haberle transmitido a éste los comentarios correspondientes. Las fichas podrán usarse durante las reuniones con los padres para brindar ejemplos de la capacidad y las cualidades positivas del alumno.

OBSERVAR

Al observar a los grupos de aprendizaje, el docente debe tener presentes seis normas.

Primera norma: El docente siempre supervisará a los grupos mientras están trabajando. Toda vez que sea posible, utilizará un formulario de observación. Cuanto más concretos sean los datos, más útiles les serán al docente y a los alumnos.

Segunda norma: El docente no debe tratar de registrar muchas conductas distintas por vez. En las primeras observaciones que haga de los grupos, le convendrá elegir y registrar entre dos y cuatro conductas de las que aparecen en la figura 10.1. Una vez que haya usado el formulario de observación en varias ocasiones, podrá llevar un registro de todas las conductas incluidas.

Tercera norma: Algunas veces, el docente puede usar una lista de verificación además de un formulario de observación sistemática. En la figura 10.2 se muestra un ejemplo de este tipo de lista.

Figura 10.2. Lista de verificación

Conducta	Sí	No	Comentarios
1. ¿Los alumnos entienden la tarea?			
2. ¿Los alumnos han aceptado la interdependencia positiva y la responsabilidad individual?			
3. ¿Los alumnos están trabajando en función de los criterios apropiados?			
4. ¿Los alumnos están practicando las conductas esperadas?			

Cuarta norma: El docente debe centrar su atención en las conductas positivas. Éstas deberán ser festejadas cuando estén presentes y mencionadas en caso de estar ausentes.

Quinta norma: Los datos sobre las frecuencias deben complementarse y ampliarse con notas referentes a las acciones concretas de los alumnos. Es muy útil registrar los intercambios adecuados que el docente observe y que pueda comunicar más adelante a los alumnos (y a los padres) como causas objetivas de elogio.

Sexta norma: Una vez que los alumnos entienden el aprendizaje cooperativo y la conducta que deben manifestar para ayudarse mutuamente a aprender, el docente puede capacitarlos para actuar como observadores. Los alumnos observadores pueden obtener datos más completos sobre el funcionamiento de cada grupo. Puede haber alumnos observadores en todos los grados escolares. En el caso de los alumnos de corta edad, la observación tendrá que ser muy simple, limitándose, por ejemplo, a determinar "¿Quién habla?". El docente debe asegurarse de darle instrucciones adecuadas a la clase, y hacer la práctica de recoger datos y comunicarlos al grupo. Cuando actúan alumnos como observadores, hay que dedicar algunos minutos al final de cada sesión para que el grupo le enseñe al observador lo que los miembros acaban de aprender.

Queremos puntualizar algo acerca de las visitas a la clase. Cuando alguna persona hace una visita a la clase, no debe permitírsele quedarse sentada y observarla pasivamente. Hay que darle un formulario de observación, explicarle el rol del observador y hacerla trabajar. Puede actuar como un observador ambulatorio u observar a un solo grupo, según el propósito de la visita.

Figura 10.3. La persona misteriosa

El siguiente es un modo divertido de realizar y comentar una observación.

1. El docente le informa a la clase que centrará su atención en un alumno cuyo nombre mantendrá en secreto.
2. El docente observa la clase sin demostrar a quién está observando.
3. El docente le cuenta a toda la clase lo que hizo esa persona (datos de frecuencia), sin nombrarla.
4. Los alumnos tratarán de adivinar la identidad de la persona misteriosa.

INTERVENIR EN LOS GRUPOS DE APRENDIZAJE COOPERATIVO

Al observar a los alumnos, el docente a veces tendrá que intervenir para facilitar la ejecución de la tarea o el trabajo en equipo de un grupo.

Intervenir para ayudar en la ejecución de la tarea

La observación sistemática de los grupos de aprendizaje cooperativo le brinda al docente una "ventana abierta" a las mentes de los alumnos. Escuchar a los estudiantes cuando explican cómo resolver un problema o cómo realizar una tarea a sus compañeros de grupo le proporciona al docente más información sobre lo que saben y entienden los alumnos, y sobre lo que no saben o no entienden, que las respuestas que dan en los exámenes o las tareas domiciliarias. Al trabajar cooperativamente, los alumnos revelan su pensamiento y lo exponen a la observación y los comentarios, permitiéndole al docente observar cómo elaboran su comprensión del material asignado e intervenir cuando sea necesario para ayudarlos a corregir errores de concepto.

En algunas ocasiones, el docente debe intervenir para aclarar las consignas, repasar los procedimientos y estrategias adecuados para realizar la tarea, responder preguntas y enseñar técnicas. Al hablar de los conceptos y la información que deben ser aprendidos, empleará términos referidos al aprendizaje. En lugar de decir: "Sí, está bien", dirá algo más pertinente a la tarea, como: "Sí, ésa es una de las maneras de encontrar la idea principal de un párrafo". El empleo de un lenguaje más específico refuerza el aprendizaje deseado y promueve una transferencia positiva, pues ayuda a los alumnos a asociar los términos con lo que están aprendiendo.

Una forma de intervenir consiste en plantear a los miembros del grupo una serie de preguntas que los obliguen a analizar su plan de acción en un nivel metacognitivo y a explicárselo al docente. Tres preguntas posibles son:

1. ¿Qué están haciendo?
2. ¿Por qué lo están haciendo?
3. ¿Para qué va a servirles?

Figura 10.4. La intervención en los grupos de aprendizaje cooperativo

O = Observar
IDP = Intervenir para transmitir datos o hacer una pregunta
PPP = Hacer que los alumnos procesen y planifiquen cómo abordarán el
problema
ST = Indicar a los alumnos que sigan trabajando

Intervenir para enseñar prácticas sociales

Los grupos de aprendizaje cooperativo le suministran al docente un panorama de las destrezas sociales de los alumnos. Al supervisar a los grupos, el docente podría advertir que algunos alumnos no tienen la capacidad de integración necesaria para ser miembros competentes de un grupo. En estos casos, deberá intervenir a fin de proponerle al grupo procedimientos más eficaces para trabajar juntos y prácticas sociales concretas que pueden aplicar. También debería intervenir para manifestar su aprobación cuando observe conductas especialmente eficaces y competentes. Las prácticas sociales requeridas para que el grupo sea productivo, junto con las actividades que propone el docente para enseñarlas, se comentan en el capítulo 8 de este libro y en D. W. Johnson y F. Johnson (1994) y Johnson (1991, 1993).

Recomendaciones generales acerca de la intervención del docente

No hay que intervenir más de lo estrictamente necesario. Muchos docentes se apresuran a entremeterse y resolverles los problemas a los alumnos. Con un poco de paciencia, sin embargo, los grupos cooperativos generalmente pueden resolver sus problemas solos. Elegir cuándo intervenir y cuándo no hacerlo es parte del arte de enseñar. Cuando el docente decide intervenir, debe devolverle el problema al grupo para que éste lo resuelva. A tal efecto, muchos docentes hacen que los miembros del grupo suspendan la tarea, les señalan el problema y les piden al grupo que elabore tres soluciones posibles y elijan cuál van a ensayar primero.

Una maestra de tercer grado (3º año, EGB) que conocemos advirtió, mientras repartía hojas a los alumnos, que un chico estaba sentado bastante lejos de los otros tres integrantes de su grupo. Un rato después, echó una mirada y sólo vio tres alumnos donde poco antes había cuatro. En ese momento, los tres chicos vinieron hacia ella para quejarse de que Javier estaba debajo de la mesa y no quería salir.

"¡Hágalo salir!", le pidieron (el rol del docente: agente de policía, juez y verdugo).

La maestra les dijo que Javier era un miembro de su grupo y les preguntó qué intentos habían hecho para resolver el problema.

"¿Intentos?", repitieron los chicos, desconcertados.

"Sí, ¿le pidieron que saliera de abajo de la mesa?", sugirió la maestra.

El grupo volvió a su lugar y la maestra siguió repartiendo las hojas. Poco después, miró hacia la mesa y no vio a ninguno de los miembros del grupo (lo cual es una manera de resolver el problema). Unos minutos más tarde, aparecieron cuatro cabezas de abajo de la mesa y el grupo (incluyendo a Javier) se puso a trabajar con gran energía.

No sabemos qué pasó debajo de esa mesa, pero fuera lo que fuera, dio buen resultado. Lo que hace aun más interesante a esta anécdota es que el grupo obtuvo una puntuación del 100 por ciento en el trabajo escrito y más tarde, al pasar por el pupitre de Javier, la maestra advirtió que el chico sostenía el escrito en su mano. El grupo se lo había dado a él, para que se lo llevara a su casa. Javier le confió a la maestra que ésa era la primera vez que alcanzaba el 100 por ciento en una tarea escolar. (Si ése fue el resultado, bien valió la pena meterse debajo de la mesa.)

Figura 10.5. Recomendaciones para supervisar e intervenir

Verificar si	Si se cumple	Si no se cumple
Los miembros del grupo están sentados cerca unos de otros.	Bien sentados.	Acerquen más las sillas.
El grupo tiene los materiales correctos, en la página indicada.	Bien, ya están listos.	Vayan a buscar lo que necesitan. Yo los espero.
Los alumnos a quienes se les asignaron roles los están cumpliendo.	¡Muy bien! Están haciendo lo que deben.	¿Quién debe hacer qué cosa?
Los grupos han iniciado la tarea.	¡Bien! Ya empezaron.	Quiero verlos empezar. ¿Necesitan ayuda?
Se están empleando técnicas cooperativas (en general).	¡Buen grupo! Sigan así.	¿Qué técnicas se necesitarían aquí? ¿Qué tendrían que estar haciendo ustedes?
Se está empleando una técnica cooperativa específica.	¡Buena incentivación! ¡Buena paráfrasis!	¿Quién puede incentivar a Elsa? Repitan, con sus propias palabras, lo que acaba de decir Elsa.
El trabajo escolar se está haciendo bien.	Están siguiendo el procedimiento apropiado para esta tarea. ¡Buen trabajo!	Las respuestas deben ser más amplias. Volveré a explicarles como hacer esto.

Figura 10.5. Recomendaciones para supervisar e intervenir (continuación)

Verificar si	Si se cumple	Si no se cumple
Los miembros propician la responsabilidad individual.	Se están asegurando de que todos entiendan. ¡Muy bien hecho!	Raúl, muéstrame cómo haces el primer ejercicio. David, explícame por qué el grupo eligió esa respuesta.
Los alumnos renuentes están participando.	Me alegra ver que todos participan.	Le pediré a Elena que explique el ejercicio Nº 4. Ayúdenla a prepararse y yo volveré dentro de un rato.
Los miembros se explican unos a otros lo que están aprendiendo y sus procesos de razonamiento.	¡Muy buenas explicaciones! Sigan así.	Quiero que cada uno tome un problema y me explique, paso a paso, cómo resolverlo.
El grupo está dispuesto a cooperar con otros grupos.	Me alegra que ayuden a los otros grupos. Muy bien, por ser solidarios.	Cada uno de ustedes vaya a otro grupo y compare su respuesta al ejercicio Nº 6.
Todos participan en igual medida.	Todos están participando en igual medida. ¡Muy buen grupo!	Roberto, tú eres el primero en contestar todas las veces. ¿Podrías actuar como supervisor de la precisión?
Los grupos han terminado de trabajar.	El trabajo de ustedes parece estar muy bien. Ahora hagan la actividad que está escrita en la pizarra.	Se están esmerando mucho. Pero ya casi no queda tiempo. Apresúrense un poco.
Los grupos trabajan con eficacia.	Este grupo está trabajando muy bien. ¿Qué conductas los ayudan a lograrlo?	Díganme qué anda mal en la forma de trabajar de este grupo. Hagamos tres planes para resolver el problema.

FOMENTAR LA AUTOEVALUACIÓN

Para alentar a los alumnos a supervisarse a sí mismos, el docente puede indicarle a cada uno que evalúe la frecuencia y la eficacia con que él mismo (y los demás miembros de su grupo) puso de manifiesto las destrezas y las conductas deseadas. Un modo de efectuarlo consiste en darle a cada miembro una lista de verificación o un cuestionario de evaluación. En estos formularios, el alumno (a) se evalúa a sí mismo (mediante afirmaciones en primera persona del singular) según la frecuencia y la eficacia con que empleó las prácticas sociales y otras conductas buscadas, (b) evalúa las acciones de otros miembros del grupo según las haya percibido como beneficiosas o perjudiciales (mediante afirmaciones en segunda persona del singular) y (c) formula afirmaciones en primera persona del plural que posibilitan a los miembros del grupo llegar a un consenso acerca de qué acciones favorecieron o entorpecieron el trabajo del grupo. Los miembros del grupo pueden entonces intercambiar sus formularios para analizar cómo trabajaron juntos.

Capítulo 11

EL CIERRE DE LA CLASE

En cierto momento, los alumnos deben darle cierre a lo que están aprendiendo. Sabemos varias cosas acerca del cierre de una lección.

1. Sólo los alumnos pueden dar por terminada la clase. El cierre ocurre internamente, y no externamente.
2. El cierre es un proceso activo.
3. El cierre es más eficaz cuando los alumnos pueden explicarle directamente a otra persona lo que han aprendido. Para ello, deben formular, organizar conceptualmente y resumir lo aprendido, explicándoselo en voz alta a un compañero de grupo.

Los docentes sólo pueden estructurar y facilitar el cierre; no pueden imponérselo a los alumnos. El cierre de la clase se favorece a través de la discusión grupal centralizada, los trabajos escritos en pares y la actividad de tomar notas en pares.

Al final de la clase, los alumnos deben trabajar en grupos reducidos (pares o tríos) para reconstruir conceptualmente lo que aprendieron. Tendrán que recordar y resumir los principales puntos de la lección; organizar el material dentro de un marco conceptual; integrar la información nueva a los marcos conceptuales existentes; entender cómo lo van a aplicar en futuras lecciones y fuera del aula, y determinar las preguntas finales que le harán al docente. Participar en estas actividades inmediatamente después de una clase les sirve a los alumnos para retener y transferir lo aprendido.

LA DISCUSIÓN EN GRUPOS

Para dar cierre a una lección, es muy conveniente que los alumnos se reúnan en grupos reducidos y discutan lo que aprendieron, pues esto les permite formular lo que saben y explicárselo a otros. A efectos de implementar este tipo de discusión, el docente debe seguir las siguientes pautas:

1. Hacer que los alumnos se reúnan en sus grupos cooperativos (o formar grupos nuevos de dos o tres miembros).
2. Asignar a los alumnos la tarea de resumir los contenidos de la clase y lo que ellos aprendieron. La meta cooperativa es elaborar un solo trabajo escrito en el que se describan el contenido de la clase, las cinco cuestiones principales que se aprendieron y dos preguntas que los miembros del grupo quieran hacer sobre la clase. Todos los miembros deben aprobar y ser capaces de explicar el trabajo que hizo el grupo.
3. Recoger los trabajos escritos de los grupos y registrarlos para destacar la importancia del procedimiento y ver qué aprendieron los alumnos. Estos trabajos serán luego devueltos a los alumnos, con breves comentarios escritos por el docente, para reforzar el procedimiento.

LOS TRABAJOS ESCRITOS EN PARES

El docente agrupará a los alumnos en pares y les pedirá que trabajen cooperativamente para hacer un breve trabajo escrito al final de la clase, en el que mencionen los principales puntos aprendidos y las principales preguntas que les hayan quedado sin contestar. Ambos miembros del par deben estar de acuerdo con lo escrito y ser capaces de explicarlo. La tarea de escribir juntos ayuda a los alumnos a concentrarse en los temas principales del curso y a mejorar su redacción. Los trabajos escritos tienen que incluir:

1. Un párrafo introductorio en el que se describa el contenido de la clase.
2. Definiciones claras de los conceptos y términos presentados.
3. Un resumen y una opinión del material tratado.
4. Una descripción y una opinión del significado práctico del material tratado.
5. Cualquier otra cosa que los alumnos sepan más allá de lo tratado en la clase.

LA ACTIVIDAD FINAL DE TOMAR NOTAS EN PARES

La actividad de tomar notas en pares al cierre de la clase es similar a la que realizan los pares durante ésta (véase el capítulo 9). El docente les indicará a los pares que revisen y completen sus notas, y que al hacerlo reflexionen sobre la lección y anoten los conceptos principales y la información pertinente presentada. La meta cooperativa es que los alumnos se aseguren de tener un conjunto completo, exhaustivo y preciso de notas que sinteticen el contenido de la lección. Los estudiantes comenzarán por decirle a su compañero:

1. "Esto es lo que tengo en mis notas."
2. "Éstos son los puntos clave tratados en la clase."
3. "Ésta es la idea más sorprendente que presentó el maestro o que aparece en el material."

Una vez que cada alumno ha hecho esto, los pares modifican sus notas individuales agregándoles lo que un alumno tenía y el otro no, así como nuevos aportes que pudieran surgir de su discusión. Cada uno firma entonces las notas del otro para indicar que considera que están completas y son precisas.

ACTIVIDADES POSTERIORES
A LA CLASE

Capítulo 12

LA EVALUACIÓN DE LA CALIDAD
Y LA CANTIDAD DEL APRENDIZAJE

El diagnóstico del aprendizaje de los alumnos

El diagnóstico* y la evaluación están tan entrelazados que resulta difícil separarlos. Pero normalmente, diagnosticar significa recoger datos para emitir un juicio, y evaluar es juzgar el valor de algo sobre la base de los datos recogidos. El diagnóstico no implica asignar calificaciones. El docente puede diagnosticar sin hacer una evaluación, pero no puede evaluar sin haber diagnosticado.

Antes de cada clase, el docente debe decidir qué criterios empleará para evaluar el desempeño de los alumnos y cómo recogerá la información que necesita para hacer la evaluación. También tendrá que definir el proceso de aprendizaje a través del cual los alumnos habrán de cumplir los criterios establecidos.

Durante la clase, el docente evalúa el aprendizaje observando e interrogando a los alumnos (véase el capítulo 10 para obtener información sobre cómo hacer observaciones). No todos los resultados del aprendizaje (por ejemplo, el nivel de razonamiento, el dominio de los procedimientos para resolver problemas, el pensamiento metacognitivo) pueden evaluarse por medio de las tareas domiciliarias o las pruebas escritas. Estos importantes resultados sólo se evalúan observando a los alumnos "pensar en

---

*En inglés *assessment*: el término remite a la consideración de la situación del estudiante en su totalidad, no sólo su nivel de desempeño sino todo aquello de su circunstancia vital que influye en el aprendizaje. [N. de la T.]

voz alta". Como vimos en el capítulo 10, los grupos de aprendizaje cooperativo son "ventanas abiertas a las mentes de los alumnos", y observar a estos grupos en acción le permite al docente diagnosticar con precisión el trabajo y la comprensión de los alumnos. Los grupos de aprendizaje cooperativo brindan una oportunidad excepcional para hacer un diagnóstico inmediato del aprendizaje de los alumnos, para obtener una retroalimentación inmediata de parte de los pares y para corregir al instante los problemas de comprensión de los estudiantes. Sobre la base de la información recogida durante los diagnósticos, los alumnos establecen objetivos para mejorar su rendimiento y festejan el trabajo realizado, mientras que el docente asigna calificaciones.

Planes para el diagnóstico

El docente debe esbozar un plan de diagnóstico para cada una de sus clases, centrándose en varios puntos:

1. *El proceso de aprendizaje.* Para promover en forma continuada el desempeño de los alumnos, el docente debe elaborar un sistema que le permita controlar los procesos que éstos emplean para aprender. Según W. Edwards Deming y otros partidarios del manejo de la calidad total, hay que concentrarse en evaluar y perfeccionar los procesos de aprendizaje, en lugar de concentrarse en los resultados. Se parte de la base de que si el docente logra mejorar los procesos de aprendizaje, también mejorarán la calidad y la cantidad del aprendizaje de los alumnos. Esto se conoce como aprendizaje de calidad total.

   Para implementar la calidad total, hay que formar grupos de alumnos, los que se harán responsables de la calidad del trabajo de los miembros del grupo. Éstos pueden (a) aprender a definir y organizar los procesos de trabajo, (b) controlar la calidad de los procesos registrando indicadores de progreso y (c) volcar las puntuaciones obtenidas en un diagrama de calidad para evaluar la eficacia de su trabajo.

2. *Los resultados del aprendizaje.* El docente debe medir directamente la calidad y la cantidad del rendimiento de los alumnos para determinar cuánto han aprendido en una clase. Tradicionalmente, el rendimiento se evalúa mediante pruebas escritas. En los últimos tiempos, en cambio, se procura evaluar los resultados mediante mediciones del desempeño. Las evaluaciones basadas en el desempeño requieren que los alumnos demuestren lo que pueden hacer con lo que saben, poniendo en práctica un procedimiento o una técnica. En una evaluación del desempeño, los alumnos ponen en práctica aquello que el docente quiere evaluar. Los alumnos podrán presentar redacciones, exhibiciones, demostraciones, proyecciones de video, proyectos de ciencias, encuestas y trabajos concretos. Al diagnosticar el desempeño de los alumnos, el docente debe disponer de un método apropiado para registrar los desempeños deseados y un conjunto articulado de criterios para tomar como base de la evaluación.

3. *El ámbito en que se efectúa el diagnóstico.* El diagnóstico auténtico requiere que los alumnos demuestren las prácticas o los procedimientos deseados en contextos de "la vida real". Como es imposible colocar a los estudiantes en muchas situaciones de la vida real, el docente puede hacerlos realizar tareas simuladas o resolver problemas simulados de la vida real. Para efectuar un diagnóstico en el campo de las ciencias, por ejemplo, se pueden formar equipos de alumnos que investiguen una cura del cáncer. Deberán llevar a cabo un experimento, escribir un informe de laboratorio con los resultados, escribir un artículo científico y hacer una presentación oral en un congreso simulado. Al realizar un diagnóstico auténtico, basado en el desempeño, el docente tiene que contar con procedimientos para inducir los desempeños y para elaborar criterios de evaluación. También deberá tener mucha imaginación para encontrar situaciones de la vida real o crear simulacros de éstas.

Figura 12.1. Plan de diagnóstico

Desempeño	Proceso	Resultados	Entorno
Lectura			
Escritura			
Razonamiento matemático			
Presentación			
Resolución de problemas			
Razonamiento científico			
Liderazgo compartido			
Confianza			

Reglas del diagnóstico

Hay cinco reglas relativas al diagnóstico y la evaluación.

Primera regla. Efectuar todos los controles y evaluaciones en el contexto de los equipos de aprendizaje. El docente debe diagnosticar y evaluar el rendimiento de cada alumno, pero el diagnóstico es mucho más eficaz cuando se practica en el contexto del grupo.

Segunda regla. ¡Diagnostique una y otra vez! Los grupos de aprendizaje necesitan recibir una retroalimentación continua acerca del nivel de aprendizaje de cada miembro. El docente debe tomar pruebas y formular preguntas con frecuencia, y exigir muchos trabajos escritos y presentaciones orales.

Tercera regla. Hacer que los alumnos determinen mutuamente sus niveles de aprendizaje. Inmediatamente después de un control, los miembros del grupo deben tomar las medidas necesarias para optimizar el aprendizaje de todos.

Cuarta regla. Emplear un sistema basado en criterios para todos los diagnósticos y evaluaciones. Evitar cualquier comparación entre los niveles de rendimiento de los alumnos. La comparación es una "fuerza destructiva" que puede reducir la motivación y el aprendizaje de los estudiantes.

Quinta regla. Utilizar una amplia variedad de fórmulas de diagnóstico. El aprendizaje cooperativo es un campo en el que pueden aplicarse el aprendizaje de calidad total, el diagnóstico basado en el desempeño y el diagnóstico auténtico.

Aplicar estas cinco reglas significa cambiar las prácticas de diagnóstico y evaluación actuales. Los cambios de estas prácticas en las escuelas se deben a los siguiente factores.

1. Una creciente presión para que las escuelas prueben que están cumpliendo su cometido (los empleadores están descontentos con el nivel de los egresados de la escuela secundaria).
2. La revisión de las metas escolares debido al cambio operado en las definiciones del rendimiento y la excelencia (los padres, por ejemplo, exigen que sus hijos reciban una enseñanza tan buena como la de los estudiantes de otros países).
3. Opciones más eficaces para efectuar evaluaciones (para evaluar cómo redactan los alumnos, ahora sabemos que hay que hacerlos escribir, y no responder preguntas de opción múltiple acerca de la estructura de la oración y las reglas gramaticales).
4. La responsabilidad otorgada a los maestros en cuanto a la elaboración de planes de diagnóstico (ya no hay pruebas preestablecidas en los programas de estudios).
5. El carácter intensivo del diagnóstico (la autoevaluación y el control por parte de los pares son necesarios para evaluar todo el espectro de los resultados escolares).

LA CORRECCIÓN DE LAS TAREAS DOMICILIARIAS

Cada vez que asigne tareas domiciliarias, el docente puede encomendarles a los grupos de aprendizaje cooperativo que evalúen la calidad del trabajo de cada miembro y hagan de inmediato las correcciones y aclaraciones necesarias, si es que hay algo que los alumnos no hayan entendido. El cometido de los estudiantes es traer la tarea hecha a clase y entender cómo hacerla correctamente. La meta cooperativa es asegurarse de que todos los miembros del grupo hayan completado la tarea y entiendan cómo se hace. Los grupos encargados de revisar las tareas domiciliarias deben ser heterogéneos en cuanto al nivel de rendimiento. Se encargará a un miembro del grupo que recoja las tareas antes de cada clase y registre qué proporción de lo asignado completó cada miembro.

A la hora de revisar las tareas domiciliarias, el docente nombrará a dos alumnos de cada grupo para que actúen como encargado de explicar y supervisor de la corrección. Los miembros del grupo discutirán, una por una, las respuestas incluidas en la tarea, para asegurarse de que todos concuerdan con ellas y entienden la información o los procedimientos requeridos para completar la tarea asignada. Si hay algún desacuerdo, los miembros procurarán llegar a un consenso. Los grupos deberán concentrarse en cualquier parte de la tarea que los miembros no hayan entendido.

El rol del docente, al igual que durante todas las actividades de los grupos cooperativos, es pasar de un grupo a otro para escuchar las explicaciones y responder las preguntas de los alumnos. También les pedirá a algunos alumnos, elegidos al azar, que expliquen cómo se realiza la tarea, para asegurarse de que haya un alto grado de responsabilidad individual.

Cuando terminen de corregir las tareas, los miembros de los grupos las pondrán en una carpeta de todo el grupo, que el encargado de distribuir las tareas guardará en su lugar. El docente debe permitir que los miembros del grupo se asignen, unos a otros, tareas adicionales destinadas a garantizar que todos comprendan el material y los procedimientos estudiados.

LAS PRUEBAS

El docente debe disponer pruebas y formular preguntas con mucha frecuencia, para diagnosticar cuánto está aprendiendo cada alumno. Los grupos de aprendizaje cooperativo pueden ayudar a sus miembros a prepararse para las pruebas. Dos de los propósitos que tienen las pruebas son los de evaluar cuánto sabe cada alumno y determinar qué le falta aprender. El siguiente procedimiento sirve para cumplir ambos propósitos, para aclarar de inmediato lo que los alumnos no entendieron y para evitar discusiones entre el docente y los alumnos en torno a cuáles respuestas son correctas y por qué.

1. El docente indica a los grupos de aprendizaje que se preparen para una prueba. Para ello, le entrega a cada grupo un juego de preguntas y le da cierto tiempo para prepararlas. Los alumnos deben analizar cada pregunta y llegar a un consenso sobre su respuesta. La meta cooperativa es asegurarse de que todos los miembros de grupo entiendan cómo contestar correctamente las preguntas. Cuando se vence el tiempo previsto, los alumnos se alientan unos a otros a tener un buen rendimiento en la prueba.
2. Cada alumno realiza la prueba individualmente y hace dos copias de sus respuestas. Le entrega una copia al docente para que la califique y guarda la otra para la discusión en grupo. La tarea (y la meta individual) es responder todas las preguntas correctamente.
3. Los alumnos vuelven a realizar la prueba en sus grupos de aprendizaje cooperativo. Una vez más, la tarea es responder todas las preguntas correctamente. La meta cooperativa es garantizar que todos los miembros del grupo entiendan el material y los procedimientos contenidos en la prueba. Para ello, los miembros comparan las respuestas que dieron a cada una de las preguntas.

Un miembro explica el fundamento de las respuestas sobre las que el grupo está de acuerdo. Si hay algún desacuerdo, los alumnos buscarán la página y el párrafo del libro en que se encuentra la información o los procedimientos pertinentes, y procurarán que todos los miembros del grupo entiendan los puntos que respondieron incorrectamente en la prueba antes de que el docente les devuelva las copias corregidas. De ser necesario, los miembros del grupo se asignarán tareas domiciliarias adicionales unos a otros.

No deben olvidarse de festejar el empeño de todos en aprender el material y los buenos resultados obtenidos en la prueba.

La evaluación de las presentaciones orales

Cuando los alumnos hacen presentaciones orales, los grupos cooperativos pueden ayudarlos a preparar la presentación y a revisar su resultado. El procedimiento es el siguiente:

1. Formar grupos de aprendizaje cooperativo.
2. Asignar a los alumnos (o a los grupos) un tema, o dejar que ellos lo elijan, sobre el que harán una presentación oral ante toda la clase.
3. Explicar a los alumnos que deberán hacer la presentación dentro de ciertos límites de tiempo. También puede pedírseles que incluyan elementos visuales y que hagan participar a los oyentes. El docente les hará saber que la meta cooperativa es que todos los miembros del grupo aprendan el material estudiado y lo presenten correctamente.
4. Dar a los alumnos el tiempo y los recursos necesarios (acceso a la biblioteca o a la bibliografía correspondiente) para preparar y ensayar sus presentaciones. Los alumnos deben hacer la presentación a su grupo cooperativo y recibir sus comentarios al menos una vez antes de presentarse frente a los demás miembros de la clase.
5. Dividir la clase en cuatro grupos y ubicarlos en distintas áreas del aula. Cuatro alumnos harán simultáneamente sus presentaciones ante una cuarta parte de la clase.
6. Mientras los alumnos escuchan las presentaciones de sus compañeros, deben evaluar que éstas sean serias, informativas, interesantes, concisas, fáciles de seguir, elocuentes y estimulantes. Después de cada presentación, los alumnos le entregarán sus hojas de evaluación al presentador, quien las llevará de vuelta a su grupo cooperativo.
7. Escuchar cada presentación y evaluar su calidad. El docente les pedirá a los alumnos que le entreguen una copia de sus hojas de evaluación.

8. Indicar a los alumnos que se reúnan en los grupos cooperativos e intercambien sus hojas de evaluación. El grupo puede hacerle recomendaciones a cada miembro acerca de cómo mejorar su desempeño; podría asignarle tareas domiciliarias e indicarle que siga practicando el modo de hacer presentaciones.
9. Los grupos de aprendizaje cooperativo festejarán el empeño y el rendimiento de sus miembros.

Figura 12.2. La calidad de la presentación oral

Criterio	Puntuación	Comentarios
Seria, informativa		
Interesante, concisa, fácil de seguir		
Elocuente		
Estimulante		
Otro:		
Otro:		

Para cada criterio, asignar una puntuación de 1 (muy mala) a 10 (muy buena)

Las actividades de tomar notas en pares, leer y explicar en pares y resolver problemas en pares (tratadas en el capítulo 9) también pueden emplearse para la actividad de controlar.

ALGUNOS MITOS SOBRE EL DIAGNÓSTICO Y LA EVALUACIÓN EN EQUIPO

Primer mito: *Cuando el docente evalúa el aprendizaje, debe asignar calificaciones a los alumnos.* Diagnosticar es recoger datos; asignar calificaciones es emitir un juicio sobre el desempeño de los alumnos. Aunque el docente pueda utilizar los datos que recogió para establecer las calificaciones, el propósito del diagnóstico es mejorar el desempeño de los alumnos y no calificarlos. El diagnóstico debe ser continuo y los datos obtenidos se explicarán a los alumnos para que ellos puedan emitir sus propios juicios acerca de cómo mejorar su desempeño.

Segundo mito: *El docente debe leer todos los escritos de cada alumno y transmitirle sus comentarios.* Éste es un mito destructivo. El docente tendría que tomar más pruebas y exigir más tareas de las que jamás podría corregir, porque los alumnos necesitan recibir continuos comentarios para mejorar su aprendizaje. El docente solo no puede suministrar suficiente retroalimentación en forma diaria. Pero si se los orienta y se los hace practicar, los alumnos pueden adquirir la capacidad de hacerse mutuamente los comentarios necesarios para mejorar su desempeño. Esto significa que deberán aprender a observar y a recoger datos. No significa que el docente tenga que participar menos. Seguirá siendo responsable de supervisar cuidadosamente el trabajo en equipo e intervenir cuando sea necesario para brindar una retroalimentación inmediata y también para evaluar muestras de los trabajos de los alumnos.

Tercer mito: *Los alumnos no son capaces de hacer evaluaciones serias.* Los alumnos pueden evaluar su propio aprendizaje y el de sus compañeros de grupo si se les enseña cómo hacerlo. Las técnicas de evaluación se aprenden como cualquier otra técnica. Los alumnos deben entender por qué se les pide que participen en la evaluación y qué procedimiento tienen que aplicar para hacerlo. Deben adquirir bastante experiencia en evaluar desempeños y ser capaces de analizar su propia competencia para hacerlo. Con suficiente práctica, los alumnos se volverán muy diestros en cuanto a controlar su propio aprendizaje y el de sus compañeros.

Cuarto mito: *Hacer que los alumnos participen en la evaluación implica restarle valioso tiempo al aprendizaje y disminuir el rendimiento.* La participación de los alumnos en la tarea de evaluar tiene muchos efectos importantes sobre el aprendizaje que no podrían lograrse de ningún otro modo. Controlar la calidad del trabajo de los compañeros sirve para mejorar la capacidad de elaborar marcos conceptuales y ayuda a los alumnos a construir un marco de referencia para evaluar su propio trabajo. También promueve un nivel más elevado de razonamiento y aumenta el grado de compromiso de los alumnos respecto del aprendizaje de sus compañeros. Lejos de representar una pérdida de tiempo, la participación de los alumnos en la tarea de evaluar es una parte necesaria e importante de su enseñanza.

Quinto mito: *La evaluación es de exclusiva responsabilidad del docente.* El docente es el que guía la enseñanza en el aula y es responsable de crear las condiciones que hagan posible un óptimo aprendizaje. Hacer que los alumnos participen en la evaluación tiene el efecto de optimizar su aprendizaje e incrementar su dedicación.

Sexto mito: *La evaluación individual se debilita cuando se implementa la evaluación en equipo.* La evaluación en equipo no elimina la necesidad de la evaluación individual. El buen trabajo en equipo es el resultado de integrar las capacidades de cada miembro del grupo para realizar tareas que ningún miembro puede realizar por sí solo. Evaluar los desempeños individuales les permite a los miembros ayudarse y respaldarse mutuamente en el proceso de mejorar su rendimiento.

Capítulo 13

EL PROCESAMIENTO DE LA EFICACIA DEL GRUPO

> *Cuídense unos a otros. Compartan sus energías con el grupo.*
> *Ninguno debe sentirse solo ni segregado, porque es entonces cuando no llegan a la cima.*
>
> WILLI UNSOELD, RENOMBRADO ALPINISTA

Pautas para iniciar el procesamiento

1. Nombra tres cosas que tu grupo hizo bien durante el trabajo conjunto. Nombra una cosa que tu grupo podría hacer aun mejor.
2. Piensa en algo concreto que hizo cada miembro para contribuir a la eficacia del grupo. Diles qué fue.
3. Agradece a los miembros de tu grupo la ayuda que te prestaron.
4. Califica tu propio desempeño entre 1 (bajo) y 10 (alto) en materia de (nombrar una destreza cooperativa, como incentivar la participación o verificar la comprensión). Comunícale a tu grupo la calificación que te has asignado y explícale por qué. Planifica cómo aumentar en el futuro la frecuencia del empleo de esta destreza por parte de los miembros del grupo.

EL ANÁLISIS DE LA EFICACIA DEL GRUPO

Un error muy común es no darles suficiente tiempo a los alumnos para procesar la calidad de su cooperación. Los estudiantes no aprenden de las experiencias sobre las que no reflexionan. Para que los grupos de aprendizaje funcionen mañana mejor que hoy, los alumnos deben procesar su trabajo recibiendo retroalimentación, reflexionando sobre las maneras posibles de aumentar la eficacia de sus acciones y planeando cómo trabajar aun mejor en las futuras sesiones del grupo.

El procesamiento grupal implica reflexionar sobre una sesión del grupo para determinar qué acciones de sus miembros contribuyeron a llevar adelante los esfuerzos conjuntos por lograr las metas del grupo y para tomar decisiones acerca de qué conductas continuar o modificar. El propósito del procesamiento grupal es mejorar continuamente la ejecución de tareas y el trabajo en equipo.

El procesamiento grupal se efectúa en dos planos: en cada grupo de aprendizaje y en toda la clase. En los grupos, los miembros discuten con qué eficacia trabajaron juntos y qué cosas podrían mejorar. En toda la clase, el docente coordina una discusión en la que los alumnos le informan a toda la clase lo que sucedió en sus grupos.

El rol del docente en el procesamiento grupal consiste en:

- verificar que cada alumno y cada grupo reciban (y den) retroalimentación sobre la eficacia de la ejecución de tareas y el trabajo en equipo;
- verificar que los alumnos y los grupos analicen y reflexionen sobre la retroalimentación que reciben;
- ayudar a los individuos y a los grupos a fijar objetivos para mejorar su trabajo;
- alentar a los alumnos a que festejen el buen desempeño de sus grupos.

Dar y recibir retroalimentación

Es importante que cada grupo de aprendizaje y cada estudiante individual reciban retroalimentación sobre la calidad de su desempeño en la ejecución de tareas y el trabajo en equipo. La retroalimentación es información sobre el desempeño real, que puede cotejarse con los criterios postulados respecto del desempeño ideal. Cuando se la transmite correctamente, la retroalimentación fomenta el interés del alumno en tomar medidas constructivas para mejorar su desempeño. La retroalimentación aumenta la eficacia de los alumnos al ayudarlos a sentirse capaces de rendir aun más en las tareas futuras. Para dar retroalimentación personal de un modo provechoso, que no intimide al alumno (Johnson, 1993), el docente deberá:

- centrar la retroalimentación en las conductas de los alumnos (no en los rasgos de su personalidad);
- dar retroalimentación descriptiva (no enjuiciar);
- dar retroalimentación específica y concreta (no general ni abstracta);
- dar la retroalimentación de inmediato (no demorarla);
- centrarse en las acciones positivas;
- presentar la retroalimentación en forma visual (mediante un gráfico o un diagrama) y oral.

Figura 13.1. Lista de verificación de la retroalimentación

Retroalimentación	Sí	No. Repetir
¿Se dio retroalimentación?		No se dio ni recibió. Repetir.
¿La retroalimentación está estimulando a los alumnos?		Alumnos indiferentes. Repetir.
¿Los alumnos son estimulados a detectar y resolver problemas para mejorar su desempeño?		Los alumnos rechazan, niegan, rehuyen la retroalimentación. Repetir.
¿Los alumnos tienen oportunidades para tomar medidas a fin de mejorar su desempeño?		No. Los alumnos se sienten frustrados y fracasados. Repetir.

El análisis y la reflexión sobre los datos referentes
a la eficacia del grupo

Una manera de ayudar a los grupos a analizar y reflexionar sobre su trabajo consiste en volcar en un gráfico los datos procedentes de la observación y la autoevaluación acerca de la interacción de los miembros. El diagrama de barras y el diagrama de flujo son dos de los más útiles. Los siguientes son ejemplos de cada uno de ellos.

Figura 13.2. Progreso del grupo a largo plazo:
diagrama de barras semanal

Miembros del grupo: _____

Clase: _____ Materia: _____
Fecha: _____

Trabaja durante la tarea	Aporta ideas	Integra/ sintetiza	Ayuda a sus compañeros de grupo	Completa las tareas asignadas

Figura 13.3. Progreso del grupo a largo plazo:
diagrama de flujo

Miembros del grupo: _____

Clase: _____ Materia: _____ Destreza _____

Medición
de los datos   Promedio

Tiempo/secuencia

Figura 13.4. Progreso del grupo a largo plazo:
formulario de informe semanal.

Miembros del grupo: _____

Clase: _____ Materia: _____

Fecha	Trabaja durante la tarea	Aporta ideas	Integra/ sintetiza	Ayuda a sus compañeros de grupo	Completa las tareas asignadas
Totales					
Comentarios					

El procesamiento grupal sin datos procedentes de la observación

Cuando el grupo no cuenta con datos procedentes de la observación para realizar su análisis, o cuando el tiempo es muy escaso, puede darse a los miembros:

1. Treinta segundos para identificar tres cosas que hicieron los otros miembros para facilitar el aprendizaje del grupo.
2. Una serie de preguntas para discutir, acerca de la eficacia con que emplearon las técnicas indicadas. ("¿Cómo alentaron la participación los otros miembros del grupo?" "¿Cómo verificaron la comprensión?"). Después de que cada miembro responde, se hace una discusión para llegar a un consenso.
3. Una pregunta que exija un procesamiento grupal como último punto de la tarea asignada. Esto pone de relieve el hecho de que el procesamiento grupal es una parte integral del aprendizaje.

Los procedimientos pueden variarse con el fin de mantener el interés y la vitalidad del procesamiento grupal. Otros modos de implementar esta actividad, y así fomentar el empleo de las prácticas sociales por parte del grupo, son los siguientes:

1. Hacer que cada grupo se concentre en un miembro por vez. Los demás integrantes mencionan una cosa que hizo esa persona que los ayudó a aprender o a trabajar juntos con eficacia. El centro de atención va rotando hasta que todos los miembros han recibido retroalimentación.
2. Hacer que los miembros del grupo escriban en una ficha un comentario positivo sobre la participación de cada uno de los demás. Los alumnos intercambian luego sus fichas para que cada uno tenga una retroalimentación positiva por escrito de parte de todos los demás.
3. Hacer que los miembros completen uno de los siguientes comentarios en relación con las prácticas sociales manifestadas por cada uno de ellos:

Aprecio que tú hayas ....
Me gustó cuanto tú ....
Admiro tu habilidad para ....
Me cae muy bien que tú..............................
Realmente ayudaste al grupo cuando ....

Los alumnos pueden transmitirse estos comentarios por escrito u oralmente. Cuando lo hacen frente a frente, deben acordarse de decir el nombre del compañero al que se dirigen y mirarlo a los ojos. El alumno que recibe el comentario positivo debe mirar al otro y no decir nada, o limitarse a darle las gracias. La retroalimentación positiva debe ser expresada en forma clara y directa, y no desechada ni negada.

4. Indicar a cada grupo que realice una síntesis de su procesamiento y la guarde en una carpeta junto con los trabajos escolares realizados. Esto ayuda al maestro a estar al tanto del funcionamiento de cada grupo de aprendizaje.

5. Indicar a cada grupo que elabore un mapa mental que represente los factores determinantes del éxito del grupo.

6. Hacer que cada grupo califique su desempeño en un diagrama de barras.

Las claves para lograr un buen procesamiento por parte del grupo son las siguientes: otorgar suficiente tiempo para llevarlo a cabo, proporcionarle una estructura (por ejemplo, "enumeren tres cosas que el grupo está haciendo bien y una que podría mejorar"), destacar la retroalimentación positiva, hacer que el procesamiento sea específico y no general, asegurar la participación de los alumnos en el procesamiento, recordarles a los alumnos que empleen las técnicas cooperativas mientras procesan su trabajo, transmitir expectativas claras respecto del propósito del procesamiento y hacer que los grupos establezcan objetivos de desarrollo al final de la sesión.

El procesamiento por parte de toda la clase

Además de poner en funcionamiento el procesamiento grupal, el docente debe efectuar sesiones periódicas de procesamiento por parte de toda la clase. Estas sesiones pueden estructurarse de varios modos.

1. El docente puede transmitirle a toda la clase los resultados de sus observaciones. Es conveniente volcar los datos en un diagrama para contar con un registro continuo del progreso de la clase. Esto les hace saber a los alumnos cuánto ha mejorado su empleo de una técnica determinada con el correr del tiempo. El docente puede premiar a la clase cuando los resultados totales superan el criterio de excelencia preestablecido. El diagrama no sólo sirve como un recordatorio visual de las prácticas que los alumnos deben aplicar cuando trabajan en sus grupos, sino que también hace del progreso continuo un objetivo que promueve la cooperación en la clase.
2. El docente puede sumar los resultados de las observaciones efectuadas por los alumnos observadores para obtener un total global correspondiente a toda la clase. Estos datos también se volcarán a un gráfico.
3. El docente puede indicarles a los alumnos que discutan, durante uno o dos minutos, qué cosas hicieron para ayudarse mutuamente a aprender, y que lleguen a un consenso que luego transmitirán a toda la clase.

Las metas de crecimiento

La fijación de metas es el vínculo entre el rendimiento actual de los alumnos y el que tendrán el día de mañana. Después de analizar los datos procedentes de la observación y de las autoevaluación, de reflexionar sobre su significado y de dar y recibir retroalimentación, los miembros del grupo deben fijar metas de crecimiento, especificando cómo habrán de desempeñarse mejor en el futuro. Deberán anunciar públicamente la conducta que se proponen mejorar y poner por escrito el objetivo, para repasarlo al comienzo de la siguiente sesión del grupo.

La práctica de fijar objetivos tiene un poderoso efecto sobre los alumnos, pues les da una sensación de dominio y compromiso con las acciones que han decidido llevar adelante (en contraste con las conductas asignadas por el docente). Las siguientes son algunas maneras de organizar el establecimiento de metas.

1. El docente indica a los alumnos que fijen metas conductales concretas para la siguiente sesión del grupo. Cada alumno elegirá una práctica social determinada para emplearla con mayor eficacia (objetivo individual) o el grupo llegará a un consenso acerca de cuál técnica de colaboración deben abordar todos los miembros en la próxima sesión (objetivo colectivo). El docente podría pedirles a los grupos que entreguen una declaración escrita señalando qué técnica social va a encarar cada miembro durante la siguiente sesión de trabajo. Esto ayuda al docente a mantenerse informado sobre el funcionamiento del grupo.

2. En una sesión de procesamiento por parte de toda la clase, el docente le pedirá a cada grupo que acuerde una conclusión frente a la declaración: "nuestro grupo podría mejorar su integración mediante...", y luego se la transmitirá a toda la clase. El docente escribirá las declaraciones completas en el pizarrón, bajo el título: "Metas". Al principio de la siguiente lección cooperativa, leerá las metas y les recordará a los alumnos lo que acordaron hacer durante esa sesión.

3. El docente le pedirá a cada alumno que complete por escrito una de las siguientes frases al final de una sesión de aprendizaje cooperativo.
   a. "Algo que me propongo hacer en forma distinta la próxima vez, para ayudar a mi grupo, es..."
   b. "La práctica social que quiero aplicar la vez que viene es..."
   c. "Puedo ayudar a mi grupo la próxima vez mediante..."
   d. "Las cosas que haré para ayudar a mi grupo la vez siguiente son..."
   e. "Una práctica social que ejercitaré más la vez que viene es..."

4. El docente hará que los alumnos prevean en qué situación, fuera del aula, podrán aplicar las prácticas sociales que es-

tán aprendiendo en clase. Esta es una actividad optativa que ayuda a los estudiantes a establecer una conexión entre el aprendizaje cooperativo y otras esferas de su vida. Para esta tarea, es conveniente emplear objetivos individuales y colectivos.

El festejo

Al final del procesamiento grupal, los alumnos festejan su buen desempeño y los buenos resultados de sus grupos de aprendizaje cooperativo. Las celebraciones, tanto de los grupos como de toda la clase, son importantes para alentar a los alumnos a perseverar en su empeño por aprender (D. W. Johnson y R. Johnson, 1993). Los sentimientos de haber logrado algo, de ser apreciado y respetado, fomentan la dedicación al estudio, el entusiasmo por trabajar en grupos cooperativos y una sensación de idoneidad respecto de la materia aprendida y del trabajo cooperativo con los compañeros de clase. El hecho de ser reconocido por haberse esforzado en aprender y por contribuir al aprendizaje de sus compañeros es un incentivo mucho mayor que las buenas calificaciones o los premios tangibles. El empeño firme, perseverante y duradero en aprender viene más del corazón que del cerebro.

LOS OBSTÁCULOS AL PROCESAMIENTO GRUPAL

Los siguientes son algunos obstáculos comunes al procesamiento grupal (Dishon y O'Leary, 1984). Para cada obstáculo, proponemos varias soluciones.

1. Falta de tiempo. Por muchas razones (asambleas y anuncios escolares, simulacros de incendio, problemas disciplinarios), los docentes a menudo piensan que no pueden hacerse tiempo para implementar el procesamiento grupal. El que así lo crea, debería considerar las siguientes posibilidades.
   a. Hacer un procesamiento rápido, pidiéndole a la clase que opine acerca de cómo están funcionando sus grupos. Para

ello, el docente puede hacer una afirmación y pedirles a los alumnos que indiquen si están de acuerdo o no: si lo están, levantarán la mano; si no lo saben, cruzarán los brazos, y si no están de acuerdo, bajarán la mano. En un par de minutos pueden enunciarse y responderse dos o tres afirmaciones.

   b. Hacer el procesamiento e indicar a los alumnos que terminen el trabajo en su casa o en la clase del día siguiente.

2. Imprecisión del procesamiento. Cuando los alumnos llegan a la conclusión de que: "Estuvo bien", o "Hicimos un buen trabajo" o "Todos participamos", el docente sabe que el procesamiento no fue lo bastante específico. Algunas correcciones que pueden hacerse son:

   a. Emplear afirmaciones específicas a las que los alumnos deberán dar respuestas detalladas.

   b. Emplear alumnos observadores para registrar la aparición de determinadas conductas específicas.

3. Falta de participación de los alumnos en el procesamiento. En ciertas ocasiones, hay grupos cuyos miembros se resisten a analizar el funcionamiento de su grupo. En esos casos, el docente puede:

   a. Pedir un informe escrito de parte del grupo, acerca de los puntos fuertes y débiles de su funcionamiento.

   b. Utilizar formularios de procesamiento que requieran la participación de todos.

   c. Asignar al alumno que menos participa en el procesamiento el rol de encargado de llevar el registro o de vocero del grupo.

   d. Hacer que todos los miembros pongan su firma en el informe sobre el procesamiento, para indicar que participaron en éste y están de acuerdo con las conclusiones del grupo.

   e. Otorgar puntos adicionales a los informes de procesamiento grupal.

4. Informes incompletos o mal presentados. Algunos grupos podrían entregar informes incompletos o mal hechos sobre el procesamiento efectuado. En tal caso, el docente procurará:

   a. Hacer que cada miembro del grupo firme los formularios

de procesamiento de los demás, para indicar que en todos se ha verificado que estén completos y prolijos.

b. Otorgar puntos adicionales a los informes completos y prolijos.

5. Falta de cooperación durante el procesamiento. Cuando los miembros del grupo no se escuchan unos a otros con atención, o tienen miedo de participar o discrepan airadamente, el docente puede:

a. Asignar determinados roles durante el procesamiento.

b. Hacer que un miembro del grupo observe el procesamiento y pedirle al grupo que discuta los resultados.

CONCLUSIONES

El aprendizaje cooperativo es el empleo didáctico de grupos reducidos con el fin de que los alumnos trabajen juntos para optimizar su propio aprendizaje y el de los demás. La esencia del aprendizaje cooperativo consiste en implementar grupos formales, grupos informales y grupos de base cooperativos para crear una interdependencia positiva entre los alumnos, de tal modo que todos reconozcan que "se hunden o nadan" juntos. Otros elementos básicos de la cooperación son: la responsabilidad individual (cada alumno es responsable tanto de aprender el material asignado como de ayudar a los otros miembros del grupo a aprenderlo); la interacción personal promotora entre los alumnos (cada alumno promueve el desempeño de los otros); las prácticas interpersonales y grupales, y el procesamiento por parte de los alumnos del modo en que funcionó su grupo.

Las investigaciones realizadas indican que la cooperación conduce a un mayor empeño en alcanzar los objetivos, a la generación de relaciones interpersonales más positivas y a una mayor salud mental que los métodos competitivo e individualista. El docente que aplique el aprendizaje cooperativo deberá planificar y ejecutar cuidadosamente cuatro acciones concretas. En primer lugar, tendrá que tomar varias decisiones previas a la enseñanza. Deberá decidir cuáles serán sus objetivos conceptuales y actitudinales; cuántos alumnos habrá en cada grupo; cómo distribuirá a los alumnos en los grupos y cuánto tiempo trabajarán juntos, cuál será la mejor manera de disponer el aula; cómo utilizará los materiales didácticos, y qué roles les asignará a los miembros del grupo.

En segundo lugar, deberá explicarles a los alumnos lo que van a hacer durante la clase cooperativa. Les asignará tareas claras y les explicará qué es la interdependencia positiva dentro del grupo y entre los grupos, qué es la responsabilidad individual y qué técnicas grupales habrán de aplicar en cada lección a fin de mejorar continuamente su desempeño.

En tercer lugar, el docente tiene que coordinar la lección. Mientras los alumnos trabajan juntos cooperativamente, deberá supervisar a los grupos de aprendizaje e intervenir (cuando sea necesario) para mejorar la ejecución de tareas y el trabajo en equipo. Y tendrá que ayudar a los alumnos a darle cierre a la lección.

Por último, el docente deberá organizar actividades posteriores a la lección. El aprendizaje de los contenidos de la lección debe ser controlado y evaluado. Los alumnos tienen que procesar cómo funcionaron sus grupos de aprendizaje durante cada lección, para poder mejorar su rendimiento.

Una de las cosas que nos han advertido muchos docentes experimentados en el empleo del aprendizaje cooperativo es: "¡No digan que es fácil!". Sabemos que no lo es. Puede llevar años llegar a dominarlo. Y hay una fuerte presión sobre el docente para que enseñe como todos los demás, para que haga que los alumnos aprendan individualmente y para que no permita que cada alumno consulte el trabajo del otro. Los estudiantes mismos no están acostumbrados a trabajar juntos y tienden a ser competitivos. Nuestro consejo es empezar de a poco, empleando el aprendizaje cooperativo para un solo tema o en una sola clase, hasta que el docente se sienta cómodo al utilizar el método, y luego extenderlo a otros temas o clases. Implementar el aprendizaje cooperativo en el aula exige esfuerzo y disciplina. No es fácil. Pero vale la pena.

BIBLIOGRAFÍA

Aronson, E. (1978): *The Jigsaw Classroom*, Beverly Hills, California, Sage Publications.

Deutsch, M. (1949): "A Theory of Cooperation and Competition", *Human Relations* 2, 129-152.

DeVries, D. y K. Edwards (1974): "Student Teams and Learning Games: Their Effects on Cross-Race and Cross-Sex Interaction", *Journal of Educational Psychology* 66, 741-749.

Dishon, D. y P. O'Leary (1984): *A Guidebook for Cooperative Learning*, Holmes Beach, Florida, Learning Publications.

Johnson, D. W. (1979): *Educational Psychology*, Englewood Cliffs, Nueva Jersey, Prentice-Hall.

— (1991): *Human Relations and Your Career*, 3ª ed., Englewood Cliffs, Nueva Jersey, Prentice-Hall.

— (1993): *Reaching Out: Interpersonal Effectiveness and Self-Actualization*, 6ª ed., Needham Heights, Massachusetts, Allyn & Bacon.

Johnson, D. W. y F. Johnson (1994): *Joining Together: Group Theory and Group Skills*, 5ª ed., Needham Heights, Massachusetts, Allyn & Bacon.

Johnson, D. W. y R. Johnson (1989): *Cooperation and Competition: Theory and Research*, Edina, Minnesota, Interaction Book Company.

— (1991): *Teaching Students To Be Peacemakers*, Edina, Minnesota, Interaction Book Company.

— (1992): *Creative Controversy: Intellectual Challenge in the Classroom*, Edina, Minnesota, Interaction Book Company.

— (1993): *Leading the Cooperative School,* 2ª ed., Edina, Minnesota, Interaction Book Company.

— (1975-1994): *Learning Together and Alone: Cooperative, Competitive, and Individualistic Learning,* Englewood Cliffs, Nueva Jersey, Prentice-Hall.

Johnson, D. W.; R. Johnson y E. Holubec (1983): *Circles of Learning* (video), Edina, Minnesota, Interaction Book Company.

— (1992): *Advanced Cooperative Learning,* Edina, Minnesota, Interaction Book Company.

— (1993): *Cooperation in the Classroom,* 6ª ed., Edina, Minnesota, Interaction Book Company.

Johnson, D. W., R. Johnson y K. Smith (1991): *Active Learning: Cooperation in the College Classroom,* Edina, Minnesota, Interaction Book Company.

Johnson, R. y D. W. Johnson (1985): *Warm-ups, Grouping Strategies, and Group Activities,* Edina, Minnesota, Interaction Book Company.

Kagan, S. (1988): *Cooperative Learning,* San Juan Capistrano, California, Resources for Teachers.

Katzenbach, J. y D. Smith (1993): *The Wisdom of Teams,* Cambridge, Massachusetts, Harvard Business School Press.

Kouzes, J. y B. Posner (1987): *The Leadership Challenge,* San Francisco, Jossey-Bass.

Sharan, S. y Y. Sharan (1976): *Small-group Teaching,* Englewood Cliffs, Nueva Jersey, Educational Technology Publications.

Stevenson, H. y J. Stigler (1992): *The Learning Gap,* Nueva York, Summit.